똑똑한 초등 독해 8권

웅진주니어

토픽으로 잡는

똑똑한 초등 독해

독해력은 새로운 정보와 지식을 받아들이는 도구로서 학습 능력을 좌우하는 중요한 능력이에요. 단순히 글자를 읽는 것이 아니라 글에 담긴 글쓴이의 의도를 파악하고, 글을 통해 알게 된 내용을 생활에 활용하는 능력까지 포함해요. 독해력의 바탕은 세 가지예요. 첫째, 어휘력이에요. 어휘는 글의 기본 요소로, 어휘의 뜻을 모르면 글의 내용을 알 수 없어요. 따라서 어휘를 많이 알수록 독해력이 좋아져요. 둘째, 배경지식이에요. 배경지식이 풍부하면 글에 숨겨진 의도와 생각을 짐작할 수 있어, 글을 더 재미있고 효과적으로 읽을 수 있어요. 셋째, 글의 종류에 적합한 읽기 방법이에요. 글의 갈래에 따라 주제를 찾는 방법도 다르기 때문에 갈래마다 알맞은 읽기 방법을 알아야 해요. 「토픽으로 잡는 똑똑한 초등 독해」는 어휘, 배경지식, 갈래에 따른 읽기 방법을 익힐 수 있도록 구성했어요.

이 책의 특징

1 읽고, 이해하고, 알아 가는 즐거움이 있는 새로운 독해 프로그램!

낱낱의 주제를 가진 지문을 읽고 문제를 푸는 방식에서 벗어나 하나의 토픽을 중심으로 다양한 영역의 지문을 담았습니다. 토픽을 다양한 관점에서 살펴보고, 탐색하는 과정에서 읽고, 이해하고, 알아 가는 즐거움을 느낄 수 있어요.

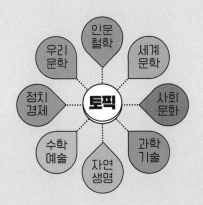

2 호기심을 자극하는 토픽으로 교과를 넘어 교양까지!

국어, 수학, 사회, 과학 등의 교과와 추천 도서에서 뽑은 인문, 철학, 사회, 문화, 자연, 과학, 수학, 예술 등 여러 영역을 아우르는 토픽을 통해 교과 지식은 물론 폭넓은 교양을 쌓을 수 있어요.

함께 공부할 친구들

하트
자연을 사랑하고
마음이 따뜻한 다정이

부키
항상 책을 끼고 다니며,
정보를 모으는 수집가

뉴뉴
신기하고 새로운 것을
좋아하는 호기심쟁이

스타
세상에서 음악과 친구가
제일 좋은 열정쟁이

드림
세상의 모든 아름다움을
마음에 담고 싶은 예술쟁이

3 꼬리에 꼬리를 물고 이어지는 글을 읽으며 독해력, 사고력, 표현력을 한 번에!

꼬리 물기 질문을 통해 독해 포인트를 알고 효과적으로 글을 읽을 수 있어요. 또 토픽에 대한 생각을 글로 표현하며 독해력과 사고력, 표현력을 키울 수 있어요.

4 글의 종류에 알맞은 핵심 질문을 통해 어떤 글도 자신 있게!

신화, 고전, 명작 등의 문학 글과 설명문, 논설문, 편지, 일기 등의 비문학 글까지 다양한 형식의 글을 접하고 읽는 즐거움을 경험해요. 여러 형식의 문제를 풀며 어떤 글이든 읽어 내는 자신감을 키워요.

5 독해력의 기초인 어휘력을 탄탄하게!

한자어, 합성어, 파생어, 유의어, 반의어, 상·하의어처럼 어휘 관계를 통해 어휘를 익히고, 관용 표현, 맞춤법도 배워요.

이렇게 공부해요!

1단계 흥미로운 토픽으로 생각의 문을 열다!
토픽에 관련한 다양한 질문을 읽으며 배경지식을 활성화하고, 학습 계획을 세워요!

질문을 읽으며 토픽에 대해
알고 있는 것을 떠올려 봐!
아는 것을 많이 떠올릴수록
글을 더 잘 읽을 수 있어!

날마다 읽게 될 글의
갈래와 제목을 살펴보며
공부 계획을 세워 봐!

2단계 질문에 대한 답을 찾으며 생각을 키우다!
읽기 목표에 따라 글을 읽고, 질문을 통해 갈래에 알맞은 읽기 방법을 배워요!

글에서 꼭 살펴야
할 내용이 무엇인지
먼저 보고, 읽기의
목표를 세워 봐!

글의 중심 내용이 무엇인지
생각하며 차근차근 글을 읽어 봐!

뜻풀이를 보며 어휘를
맞혀 봐! 초성을 보면
쉽게 답을 찾을 수 있어!

글의 갈래에 따라 꼭
알아야 할 것을 묻는
문제야. 질문에 대한
답을 찾으며 독해력을
키워 봐!

곳곳에 도움을 주는
친구가 있어! 친구가
하는 말을 읽으면 문제가
술술 풀릴 거야!

3단계 다양한 어휘 활동과 토픽 한 줄 정리로 생각을 넓히다!

독해력의 기초인 어휘력을 탄탄히 다지고, 내 생각을 글로 표현해요!

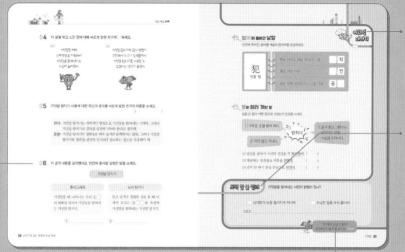

어휘력을 키우는 다양한 활동이 있어. 힌트를 보며 문제를 풀고, 어휘와 뜻을 큰 소리로 읽어 봐!

토픽에 관한 네 생각을 써 봐! 날마다 생각을 쓰는 연습을 하면 표현력도 쑥쑥 자랄 거야!

마지막 문제는 글의 내용을 정리하는 요약하기야. 빈칸을 채워 글을 완성하고, 큰 소리로 읽어 봐! 글의 내용을 기억하는 데 도움이 될 거야!

다음에 이어질 글의 내용을 짐작해 봐! 그리고 내가 짐작한 내용과 실제 글의 내용을 비교해 봐!

4단계 스스로 학습을 점검하며 생각을 다지다!

내가 알고 있는 것과 모르는 것을 구분하는 메타 인지를 훈련해요!

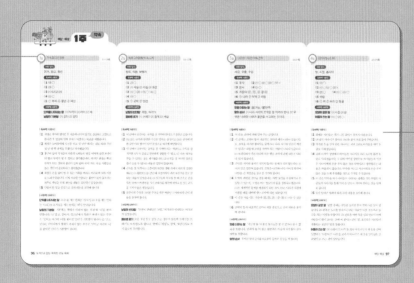

내가 쓴 답과 정답을 비교해 봐!

문제에 대한 자세한 풀이가 있어. 내가 제대로 풀지 못한 문제는 무엇이고, 답이 왜 틀렸는지 생각해 봐!

| 차례 |

3주 우리나라

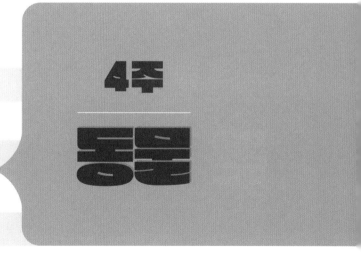

4주 동물

사랑에 빠진
사람들은 어떻게
행동할까?

사랑의
화살이라는 말은
어디에서 나온 걸까?

사람들은
왜 사랑에
빠질까?

사랑

| 좋아하고 아끼며 위하는 마음.

영원한
사랑이
있을까?

사랑을 하면 항상
행복할까?

사랑을 고백할 때
왜 초콜릿을
선물할까?

사랑은
어디에서 느끼는
걸까?

사람들은
사랑을
어떻게 표현할까?

**사랑하는
마음은
왜 하트로
표현할까?**

우리 　전래

견우직녀 이야기

하늘 나라에 견우와 직녀라는 총각과 처녀가 살았어요. 견우는 소를 몰며 논밭을 돌봐 하늘 나라 백성들을 배불리 먹였어요. 직녀는 하늘 나라 백성들이 옷을 지어 입을 수 있는 고운 옷감을 짰어요. 견우와 직녀를 어여쁘게 여긴 하늘 나라 임금님은 둘을 결혼시키기로 했어요. 둘은 보자마자 사랑에 빠졌지요.

부부가 된 견우와 직녀는 함께 있는 것이 너무나 행복했어요. 그래서 일은 게을리하고, 산으로 들로 놀러만 다녔어요. 견우가 돌보던 소들은 뿔뿔이 흩어졌고, 직녀는 옷감을 짜지 못했어요. 곡식이며 채소는 다 동나고, 옷감도 모두 떨어졌어요. 하늘 나라 임금님은 몹시 화가 났어요.

㉠"너희 둘은 은하수를 사이에 두고 동쪽과 서쪽으로 떨어져 살아라. 그리고 일 년에 딱 하루, 일곱째 달 일곱째 날에 은하수 앞에서 만나거라."

견우와 직녀는 서로를 그리워하며 칠석날이 되기를 기다렸어요. 세월은 쏜살같이 흘러 드디어 칠석날이 되었어요. 견우는 직녀에게, 직녀는 견우에게 달려갔어요. 하지만 둘 사이에는 강처럼 길고 넓은 은하수가 흐르고 있었지요.

"은하수를 어찌 건너지?"

견우와 직녀는 서로의 이름을 부르며 슬프게 울었어요. 둘의 애달픈 모습을 본 까마귀, 까치 들이 줄줄이 모여서 은하수 위로 다리를 만들었어요.

"우리를 밟고 건너세요."

견우와 직녀는 까마귀와 까치가 만든 오작교 위에서 서로 꼭 껴안았어요. 그 뒤로 견우와 직녀는 칠석날이 되면 오작교에서 만났어요. 만날 때는 기쁨의 눈물을 흘리고, 헤어질 때는 아쉬움의 눈물을 흘렸지요. 그래서 해마다 칠석날에는 비가 내린다고 해요.

어휘 알기 색칠한 낱말과 초성을 보고 뜻풀이에 알맞은 낱말을 ____에 쓰세요.

| ㅊ | ㅅ | ㄴ | 음력 7월 7일을 이르는 말. | _____ |

| ㄷ | ㄴ | ㄷ | 물건 같은 것이 쓰거나 팔려서 모두 없어지다. | _____ |

| ㅇ | ㅎ | ㅅ | 밤하늘에 길게 보이는 별의 무리를 강물에 빗대어 이르는 말. | _____ |

독해력 기르기

01 견우와 직녀가 하늘 나라에서 어떤 일을 했는지 알맞은 말에 ○ 하세요.

> 견우는 (돼지 , 소)를 몰며 논밭을 돌보는 일을 했고,
> 직녀는 (옷감 , 돗자리)을(를) 짜는 일을 했다.

02 하늘 나라 임금님이 ㉠처럼 행동한 까닭에 ○ 하세요.

(1) 견우와 직녀가 일을 게을리하고 놀러만 다녀서   (   )

(2) 견우와 직녀가 날마다 싸우며 울기만 해서   (   )

03 다음 상황에서 견우와 직녀의 마음을 찾아 알맞게 선으로 이으세요.

| (1) 결혼해서 같이 살 때 | · | · (가) 서로를 그리워하며 칠석날이 되기를 기다렸다. |

| (2) 은하수를 사이에 두고 떨어져 지낼 때 | · | · (나) 함께 있는 것이 너무 행복하고 즐거웠다. |

04 이 글을 읽고 떠올릴 수 있는 오작교의 모습으로 알맞은 것에 ○ 하세요.

(1)

(2)

05 이 글을 읽고 생각하거나 느낀 점을 바르게 말한 친구에 ○ 하세요.

(1)
견우와 직녀가 맡은 일을 성실하게 했더라면 계속 함께 지냈을 텐데. 사랑하는 두 사람이 헤어지게 돼서 너무 안타까웠어.

(2)
사랑을 지키기 위해 죽음도 두려워하지 않는 견우와 직녀의 모습을 보면서 진정한 사랑에 대해 생각해 보게 되었어.

06 이 글의 내용을 요약했어요. 빈칸에 들어갈 알맞은 말을 쓰세요.

하늘 나라에 사는 ①◻◻는 소를 몰며 논밭을 돌보고, ②◻◻는 옷감을 짜는 일을 했다. 하늘 나라 임금님은 견우와 직녀를 결혼시켰는데, 둘은 일은 하지 않고 놀러만 다녔다. 화가 난 임금님은 견우와 직녀를 ③◻◻◻의 동쪽과 서쪽 끝으로 보내고 칠석날에만 만나게 했다. 칠석날이 되었지만 견우와 직녀는 은하수를 건널 수 없어 슬퍼했다. 그러자 까마귀, 까치 들이 모여서 다리를 만들어 주었고, 둘은 만나게 되었다. 그 뒤로 견우와 직녀는 칠석날이 되면 까마귀와 까치가 만든 다리인 오작교에서 만났다.

① _____   ② _____   ③ _____

뜻이 비슷한 말

글자판에서 글자를 찾아 밑줄 친 말과 뜻이 비슷한 말을 쓰세요.

가게의 물건이 금세 동나다.

하	떨	방
어	지	다

시간이 쏜살같이 흘렀다.

빠	막	리
뜨	르	게

다시 만날 약속을 하고 헤어지다.

이	있	하
헤	별	다

올바른 발음

밑줄 친 낱말의 발음으로 맞는 것에 √ 하세요.

(1) 밭이 엄청 넓다. ☐ [널따] ☐ [넙따]

(2) 친구의 발을 밟다. ☐ [발따] ☐ [밥따]

(3) 우리 엄마는 머리가 짧다. ☐ [짤따] ☐ [짭따]

(4) 다섯, 여섯, 일곱, 여덟! ☐ [여덜] ☐ [여덥]

겹받침은 두 개의 자음 중 하나만 대표로 소리가 나. 겹받침 'ㄼ'은 대부분 [ㄹ]로 소리가 나지만, '밟다'의 'ㄼ'은 [ㅂ]으로 소리가 나.

토픽 한 줄 정리

오작교가 없었다면 견우직녀는 어떻게 되었을까?

☐ 각자 열심히 일해서 임금님께 용서를 받았을 거야.

☐ 멀리서 서로를 바라보며 울기만 했을 거야.

☐ _____

사랑을 상징하는 기호가 있다고? 궁금하면 다음 장을 넘겨 봐! >>>>>

하트 모양은 어떻게 만들어졌을까?

사랑하는 마음을 표현할 때 보통 하트 모양(♥)을 써요. 하트 모양은 어떻게 사랑을 표현하는 모양이 되었을까요? 하트 모양의 유래에 관해서는 여러 이야기가 있어요.

사람들에게 가장 널리 알려진 것은 하트 모양이 심장을 본떠서 만들었다는 거예요. 영어의 '하트(heart)'는 심장을 뜻하는 프랑스어 '쾨르'에서 유래되었어요. 서양 사람들은 심장 근처에 마음이 있다고 생각했거든요. 사랑을 맹세할 때도 가슴에 손을 올려 다짐했어요. 그래서 ㉠사랑하는 마음을 그림으로 나타낼 때 당연히 심장을 닮은 모양을 떠올린 거예요.

하트 모양이 사과를 반쪽으로 자른 모양에서 나왔다는 말도 있어요. 옛날에는 빨간색을 사랑을 뜻하는 색으로 여겼어요. 그래서 서양 사람들은 사랑하는 사람에게 빨간 사과를 건네며 사랑을 고백했어요. 이런 이유로 사랑을 고백할 때 함께 주던 사과에서 하트 모양이 만들어졌다는 이야기가 생긴 거예요.

하트 모양이 기독교에서 사용하는 잔인 성배에서 비롯되었다는 말도 있어요. 원래 하트 모양은 포도주를 담는 그릇인 '성배'를 나타내는 기호였어요. 그런데 포도주가 예수의 사랑과 희생을 상징하기 때문에 시간이 흐르면서 하트 모양이 사랑을 상징하는 그림이 되었다고 해요.

하트 모양이 무엇에서 비롯되었건 ㉡우리는 생활하며 하트 모양을 자주 써요. 하트 모양을 보면 기분이 좋고 행복하기 때문이죠. 그리고 무엇보다 사랑은 늘 우리와 함께 있고, 하트 모양만큼 ㉢ 을 잘 표현하는 그림은 없기 때문이겠죠?

어휘 알기 색칠한 낱말과 초성을 보고 뜻풀이에 알맞은 낱말을 ___ 에 쓰세요.

| ㅂ | ㄸ | ㄷ | 어떤 것을 본보기로 삼아서 그대로 흉내 내다.

_____

| ㅂ | ㄹ | ㄷ | ㄷ | 처음으로 시작되다.

_____

| ㅁ | ㅅ | ㅎ | ㄷ | 어떤 일을 꼭 하겠다고 다짐하다.

_____

독해력 기르기

01 이 글에서 설명하는 것은 무엇인지 빈칸에 알맞은 말을 쓰세요.

| | | 모양이 만들어진 유래

02 하트 모양에 대한 설명으로 알맞지 <u>않은</u> 것은 무엇인가요? (   )

① 하트 모양의 유래는 여러 가지이다.

② 심장을 본떠서 하트 모양을 만들었다는 유래가 있다.

③ 하트 모양은 기독교를 믿는 사람만 사용하는 기호이다.

④ 기독교에서 사용하는 성배에서 하트 모양이 비롯되었다는 유래가 있다.

⑤ 사랑을 고백할 때 주던 사과에서 하트 모양이 만들어졌다는 유래가 있다.

03 사람들이 ㉠처럼 하트 모양을 그린 까닭은 무엇인지 알맞은 것에 ○ 하세요.

(1) 심장 모양이 그리기 쉽고 예뻐서   (   )

(2) 심장 근처에 마음이 있다고 생각해서   (   )

04 ㉡의 예를 바르게 말하지 <u>못한</u> 친구의 이름을 쓰세요. (   )

> 원지: 사람들은 사진을 찍거나 기쁜 마음을 표현할 때 손동작으로 하트 모양을 만들어.
> 단지: 하트 모양은 사랑하는 연인끼리만 사용하는 그림이야. 그러니까 가족이나 친구들에게 쓰면 안 돼.
> 미래: 문자 메시지를 보내거나 채팅을 할 때 사랑하고 좋아하는 마음을 전하려고 하트 모양 이모티콘을 사용해.

05 ㉢에 들어갈 말로 알맞은 것은 무엇인가요? (   )

① 행복   ② 사랑   ③ 고백   ④ 기쁨   ⑤ 친절

06 이 글의 내용을 요약했어요. 빈칸에 들어갈 알맞은 말을 쓰세요.

하트 모양의 유래		
하트 모양은 ①◻◻을 본떠서 만들었다. 서양 사람들은 심장 근처에 마음이 있다고 생각했기 때문이다.	하트 모양은 ②◻◻를 반쪽으로 자른 모양을 본떠 만들었다. 사랑을 고백할 때 사과를 주었기 때문이다.	하트 모양은 포도주를 담는 잔인 ③◻◻에서 비롯됐다. 포도주가 예수의 사랑과 희생을 상징하기 때문이다.

① _____   ② _____   ③ _____

꾸며 주는 말

빈 곳에 들어갈 알맞은 말을 찾아 선으로 이으세요.

(1) 엄마는 _____ 나를 사랑해. •

(2) 소문이 여기저기 _____ 퍼졌어. •

(3) 아기들은 _____ 밤에 많이 울어. •

• (가) 늘
계속하여 언제나.

• (나) 보통
일반적으로.

• (다) 널리
범위가 넓게.

뜻이 여러 개인 말

밑줄 친 낱말이 어떤 뜻으로 쓰였는지 번호를 쓰세요.

① 남에게 말을 걸거나 인사하다.

건네다

② 물건을 집어서 남에게 넘겨주다.

(1) 아무 말 없이 음료수를 건넸어. ( )

(2) 친구에게 생일 선물을 건넸어. ( )

(3) 처음 보는 친구에게 먼저 말을 건넸어. ( )

토픽 한 줄 정리

사랑을 상징하는 너만의 기호를 만들어 볼래?

사랑을 이렇게 표현한 까닭은

_____

_____

밸런타인데이는 어떻게 생겨났을까?
궁금하면 다음 장을 넘겨 봐! >>>>>

밸런타인데이에 왜 초콜릿을 줄까?

　매년 2월 14일은 밸런타인데이예요. 이날이 되면 여자가 남자에게 초콜릿을 선물하는데, 이런 문화는 어떻게 생긴 걸까요?

　밸런타인데이는 발렌티누스 신부를 기리는 날이었어요. 269년에 로마의 황제는 전쟁을 앞두고 결혼을 금지했어요. 하지만 발렌티누스 신부는 황제의 명을 어기고, 사랑하는 이들을 결혼시키다 처형을 당했어요. 사람들은 신부가 처형당한 2월 14일이 되면 사랑하는 사람끼리 선물이나 카드를 주고받으며 발렌티누스 신부를 기렸어요.

　밸런타인데이에 여자가 남자에게 초콜릿을 주며 사랑을 고백한 것은 일본에서부터 시작되었어요. 일본의 제과업체는 초콜릿을 많이 팔기 위해 밸런타인데이를 이용했어요. '2월 14일, 밸런타인데이는 여자가 좋아하는 남자에게 초콜릿을 선물하는 날'이라는 광고를 한 거죠. 이 광고가 성공을 거두며 일본에서 유행을 했고, 우리나라에도 전해져 오늘날과 같은 밸런타인데이 문화가 자리 잡은 거예요.

　㉠우연의 일치일지 모르나 초콜릿은 밸런타인데이에 선물하기 딱 좋은 음식이에요. 사랑에 빠지면 우리 몸에서 '페닐에틸아민'이라는 물질이 나와서 마음이 들뜨고, 행복해져요. 그런데 초콜릿에 바로 이 '페닐에틸아민'이 많이 들어 있거든요.

　밸런타인데이는 사랑하는 사람에게 마음을 전하는 따뜻한 날이에요. 연인이 아니더라도 부모님, 친구에게 달콤한 초콜릿을 전하며 사랑의 마음을 표현해 보세요.

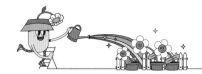

어휘 알기 색칠한 낱말과 초성을 보고 뜻풀이에 알맞은 낱말을 ____ 에 쓰세요.

| ㅊ | ㅎ | 형벌에 처함.

_____

| ㅅ | ㅂ | 가톨릭에서 신자들에게 가르침을 주고, 종교 의례와 의식을 담당하는 성직자.

_____

| ㄷ | ㄸ | ㄷ | 마음이나 분위기가 가라앉지 아니하고 조금 흥분되다.

_____

독해력 기르기

01 오늘날의 밸런타인데이에 대한 설명으로 알맞으면 ○, 알맞지 않으면 × 하세요.

(1) 밸런타인데이는 매년 2월 14일이다.   (   )

(2) 밸런타인데이에 초콜릿을 선물한다.   (   )

(3) 밸런타인데이에 남자가 여자에게 사랑을 고백한다. (   )

02 밸런타인데이가 생겨나 사람들에게 알려지게 된 과정을 정리했어요. 일이 일어난 순서대로 기호를 쓰세요.

> ㉮ 사람들은 2월 14일에 사랑하는 사람에게 선물이나 카드를 주면서 발렌티누스 신부를 기렸다.
> ㉯ 발렌티누스 신부는 황제의 명령을 어기고 사랑하는 사람들을 결혼시켜 주다가 처형을 당했다.
> ㉰ 일본의 제과업체가 밸런타인데이는 여자가 남자에게 초콜릿을 선물하며 사랑을 고백하는 날이라고 광고를 했다.
> ㉱ 일본에서 유행한 문화가 우리나라에 전해져 오늘날과 같은 밸런타인데이 문화로 자리 잡았다.

(㉯   ) ➝ (   ) ➝ (   ) ➝ (   )

03 글쓴이가 ㉠과 같이 말한 까닭으로 알맞은 것에 ○ 하세요.

(1)
> 사랑에 빠지면 나오는 물질인
> '페닐에틸아민'이 초콜릿에
> 들어 있어서

(2)
> 초콜릿은 맛이 달콤해서
> 사랑하는 사람에게 선물하기에
> 적당해서

04 밸런타인데이와 성격이 비슷한 기념일을 골라 ○ 하세요.

(1) 삼겹살 데이

매년 3월 3일로,
돼지를 기르는
농가를 돕기 위해
삼겹살을 먹는 날

(2) 화이트 데이

매년 3월 14일로,
남자가 여자에게
사탕을 주며 사랑을
고백하는 날

(3) 애플 데이

매년 10월 24일로,
사과를 주고받으며
서로 화해하고
용서하는 날

05 이 글의 내용을 요약했어요. 빈칸에 들어갈 알맞은 말을 쓰세요.

① ☐☐☐☐☐☐ 의 유래

> 밸런타인데이는 발렌티누스
> 신부가 ② ☐☐ 이 금지된 시기에
> 사랑하는 사람들을 결혼시키다
> 처형당한 일을 기리면서 생겨났다.

> 일본의 제과업체가 밸런타인데이는
> ③ ☐☐☐ 을 선물하는 날이라고
> 광고하면서 우리나라에도 영향을
> 주어 밸런타인데이 문화가 생겼다.

① _____ ② _____ ③ _____

낱말의 뜻

빈칸에 들어갈 알맞은 말을 찾아 선으로 이으세요.

(1)
금지하다
법이나 규칙이나 명령 따위로 어떤
행위를 하지 ☐☐☐☐ 하다.

•

• (개) 숨김없이

(2)
고백하다
마음속에 생각하고 있는 것을
사실대로 ☐☐☐☐ 말하다.

•

• (내) 못하도록

뜻이 여러 개인 말

밑줄 친 낱말이 어떤 뜻으로 쓰였는지 번호를 쓰세요.

① 없던 것이 새로 있게 되다.

생기다

③ 어떤 모습으로
보이다.

② 어떤 일이 벌어지다.

(1) 우리 마을에 자꾸 이상한 일이 <u>생겨</u>.　(　　)

(2) 바위가 꼭 커다란 곰처럼 <u>생겼어</u>.　(　　)

(3) 우리 동네에 멋진 공원이 새로 <u>생겼어</u>.　(　　)

토픽 한 줄 정리

밸런타인데이에 초콜릿 대신 무엇을 주면 좋을까?

초콜릿 대신 _____

왜냐하면 _____

사랑에 빠지게 하는 신이 있대.
누군지 궁금하면 다음 장을 넘겨 봐! >>>>>

에로스와 아폴론

제우스의 아들인 아폴론은 태양과 음악, 의술의 신이자 궁술의 신이에요. 하루는 아폴론이 작은 활과 화살을 가지고 다니는 사랑의 신 에로스를 만났어요.

"하하하, 네 활은 장난감 같구나. 그리 작은 활로 사냥이나 할 수 있겠니?"

에로스의 활은 작지만 놀라운 능력이 있었어요. 금화살에 맞으면 처음으로 만나는 상대를 사랑하게 되고, 납 화살에 맞으면 처음 만나는 상대를 아주 싫어하게 되지요. 에로스는 아폴론에게 수상한 미소를 띠며 말했어요.

"궁술의 신인 아폴론 님의 활쏘기 실력을 따라갈 수야 없겠지만 제 화살은 무엇이든 꿰뚫을 수 있습니다."

마침, 숲의 요정 다프네가 나타났어요. 아폴론에게 무시당해 화가 나 있던 에로스는 아폴론을 향해 금화살을, 다프네를 향해 납 화살을 쏘았어요. 가슴에 화살을 맞은 아폴론은 다프네에게 한눈에 반했지만, 다프네는 아폴론을 싫어하게 되었어요. 다프네는 아폴론을 피해 멀리 달아났어요. 그러자 아폴론은 애가 탔어요.

"내 사랑을 받아 줘요, 다프네!"

아폴론은 달아나는 다프네를 뒤쫓았어요. 숲속 깊이깊이 달아나던 다프네는 아폴론에게 잡힐 듯하자 자신의 아버지인 강의 신 페네오스에게 빌었어요.

"아폴론 님이 저를 잡지 못하게 제 모습을 바꿔 주세요."

아폴론의 손이 다프네의 팔에 닿는 순간, 다프네는 월계수로 변했어요. 아폴론은 너무 슬퍼 월계수를 붙잡고 한참 동안 울었어요.

㉠"다프네, 난 당신과 항상 함께할 거요."

아폴론은 월계수를 자신의 나무로 삼았어요. 그리고 자신의 악기와 화살통을 월계수로 장식하고, 월계수의 잎과 가지로 만든 월계관을 머리에 쓰고 다니며 다프네를 그리워했어요.

*에로스: 로마 신화에서는 '큐피드'라고 부른다.

어휘 알기 색칠한 낱말과 초성을 보고 뜻풀이에 알맞은 낱말을 ___에 쓰세요.

| ㄱ | ㅅ | 활 쏘는 기술.

_____

| ㅁ | ㅅ | 소리 없이 빙긋이 웃음.

_____

| ㅂ | ㅎ | ㄷ | 어떤 것에 마음이 끌리다.

_____

독해력 기르기

01 에로스가 가진 화살에는 어떤 힘이 있는지 알맞게 선으로 이으세요.

(1) 금화살 •

(2) 납 화살 •

• (가) 이 화살에 맞으면 처음으로 만나는 상대를 아주 싫어하게 된다.

• (나) 이 화살에 맞으면 처음으로 만나는 상대를 사랑하게 된다.

02 이 글에 대한 설명으로 알맞지 않은 것에 × 하세요.

(1) 금화살을 맞은 아폴론은 다프네를 사랑하게 되었다.   (   )

(2) 납 화살을 맞은 다프네는 아폴론을 싫어하게 되었다.   (   )

(3) 사랑의 신인 에로스는 아폴론이 자신을 무시하자 화가 났다.   (   )

(4) 다프네는 쫓아오는 아폴론을 피하기 위해 월계관으로 변신했다. (   )

03 아폴론이 ㉠과 같이 말한 까닭으로 알맞은 것에 ○ 하세요.

(1) 자신을 피하기 위해 월계수로 변한 다프네가 괘씸해서 ( )

(2) 다프네가 월계수로 변했어도 사랑하는 마음이 계속 남아 있어서 ( )

04 다음은 이 글에 나오는 인물 중 누구를 보고 한 말인지 알맞은 이름을 쓰세요.

( )

> 다른 사람이 자신보다 약해 보이거나 우스워 보인다고 해서 함부로 대하면 안 돼. 하지만 사랑하는 사람을 잃고 슬퍼하는 모습을 보니 안쓰러웠어.

05 이 글의 내용을 요약했어요. 빈칸에 들어갈 알맞은 말을 쓰세요.

아폴론은 ①□□□의 작은 활과 화살을 무시했다. 화가 난 에로스는 아폴론에게는 사랑의 ②□□□을 쏘고, 다프네에게는 미움의 납 화살을 쏘았다. 아폴론은 다프네에게 반했지만 다프네는 아폴론을 싫어하게 되었다. 다프네는 쫓아오는 아폴론을 피해 ③□□□로 변했다. 아폴론은 월계수를 자신의 나무로 삼고, 다프네를 그리워했다.

① _____ ② _____ ③ _____

관용 표현

알맞은 말을 빈칸에 쓰세요.

'애'는 우리 몸속 '창자'를 가리키는 말인데, 초조한 마음을 비유적으로 나타낼 때 많이 써. '애'를 강조해서 '애간장'이라고도 해.

☐ 가 타다

뜻 안타까워서 속이 타는 것 같다.

☐☐☐ 이 녹다

뜻 몹시 걱정스럽거나 안타까운 마음에 속이 녹는 듯하다.

모양이 같은 말

밑줄 친 낱말의 뜻을 찾아 선으로 이으세요.

(1) 영화제에서 우리 영화가 최우수상을 <u>수상했어.</u> •

• (가) 하는 짓이나 차림새가 이상하고 의심스럽다.

(2) 우물쭈물하는 동생의 행동이 <u>수상했어.</u> •

• (나) 대회나 경기에서 상을 받다.

토픽 한 줄 정리

에로스의 화살이 있다면 좋아하는 사람에게 쏠 거니?

☐ 화살을 쏠 거야!   ☐ 화살을 쏘지 않을 거야!

왜냐하면 _____

사랑하는 황비를 위해 멋진 무덤 궁전을 만든 황제가 있대. 궁금하면 다음 장을 넘겨 봐! >>>>>

사랑의 약속, 타지마할

㉠타지마할은 인도의 세계 문화유산이에요. '세계에서 가장 아름다운 건축물'로 꼽히는 타지마할에는 아름다운 사랑 이야기가 전해져요.

가 ㉡타지마할을 만든 사람은 무굴 제국의 황제 '샤자한'이에요. 샤자한에게는 '뭄타즈 마할'이라는 아름다운 황비가 있었어요. 두 사람은 서로 사랑하고 의지하며 행복한 결혼 생활을 했어요. 하지만 결혼한 지 17년이 되던 해에 불행이 찾아왔어요. 황비가 열다섯 번째 아이를 낳다가 세상을 떠난 거예요. 샤자한은 황비에게 세상에서 가장 아름다운 무덤을 지어 주겠다고 다짐했어요.

나 샤자한은 여러 나라에서 뛰어난 기술자들을 불러들이고, 귀한 대리석과 금은보석을 사들였어요. 그리고 2만여 명의 인부와 천 마리가 넘는 코끼리를 동원해 무덤을 짓기 시작했어요. ㉢1632년에 시작한 공사는 22년이 지나서야 끝났고, ㉣샤자한은 이 무덤에 '마할의 왕관'이라는 뜻의 타지마할이란 이름을 붙였어요.

다 타지마할은 정원과 건물 모두가 완벽한 대칭을 이루어 통일감과 균형미가 있어요. 또 하얀 대리석 벽에 빛이 비치면 색이 달라져 '빛의 궁전'이라고도 불려요. ㉤자연과 조화를 이루는 궁전의 모습은 아름답다 못해 황홀하지요.

㉥샤자한은 황비가 죽고 하룻밤 사이에 머리가 하얗게 셌다고 해요. 그만큼 충격이 컸던 거예요. 아내에 대한 샤자한의 애틋한 사랑은 타지마할이라는 아름다운 건축물로 남아 오늘날까지 전해지고 있어요.

* 무굴 제국(1526~1858): 인도 지역을 지배했던 이슬람 제국.

어휘 알기 　색칠한 낱말과 초성을 보고 뜻풀이에 알맞은 낱말을 ＿＿에 쓰세요.

ㄷ ㅊ 　같은 모양이나 크기로 짝을 이루는 것.

＿＿＿＿＿＿＿＿＿

ㄱ ㅎ ㅁ 　균형이 잘 잡힌 것에서 느끼는 아름다움.

＿＿＿＿＿＿＿＿＿

ㅌ ㅇ ㄱ 　서로 다른 것을 하나의 기준에 따라 같게
맞춘 듯한 느낌.

＿＿＿＿＿＿＿＿＿

독해력 기르기

01 　다음은 무엇에 대한 설명인지 빈칸에 알맞은 말을 쓰세요.

'마할의 왕관'이라는 뜻의 무덤
궁전으로, 무굴 제국의 황제
샤자한이 황비를 위해 지었다.

☐ ☐ ☐ ☐

02 　이 글의 내용으로 알맞으면 ○, 알맞지 않으면 ✕ 하세요.

(1) 타지마할은 인도의 세계 문화유산이다. 　　　　　　　　(　　)

(2) 타지마할의 건물과 정원은 완벽한 대칭이 되도록 지었다. 　　(　　)

(3) 타지마할은 22년에 걸쳐 지었는데, 샤자한이 죽은 뒤에야 완성되었다. (　　)

03 　㉠~㉤ 중 글쓴이의 의견이 드러난 문장은 무엇인가요? (　　)

① ㉠　　　　② ㉡　　　　③ ㉢　　　　④ ㉣　　　　⑤ ㉤

04 ㅂ으로 짐작할 수 있는 내용이 <u>아닌</u> 것에 ✕ 하세요.

(1) 샤자한은 황비를 깊이 사랑했다. ( )

(2) 샤자한은 황비의 죽음으로 매우 충격을 받았다. ( )

(3) 샤자한은 하룻밤 사이에 나이를 많이 먹었다. ( )

05 ㉮~㉰ 문단 중에서 다음 질문에 대한 답이 있는 문단을 찾아 선으로 이으세요.

(1) 타지마할을 만든 까닭은 무엇일까? •

(2) 타지마할은 왜 아름다운 건축물로 꼽힐까? •

(3) 타지마할을 얼마나 정성 들여 만들었을까? •

• (가) ㉮ 문단

• (나) ㉯ 문단

• (다) ㉰ 문단

06 이 글의 내용을 요약했어요. 빈칸에 들어갈 알맞은 말을 쓰세요.

타지마할은 ①☐☐☐의 세계 문화유산으로 무굴 제국의 황제 ②☐☐☐☐이 지었다. 샤자한은 사랑하는 황비가 죽자 황비를 위한 무덤을 짓기로 했다. 귀한 대리석과 금은보석을 사들이고, 솜씨 좋은 기술자들과 천 마리가 넘는 코끼리를 동원해 22년에 걸쳐 무덤을 지었다. 샤자한은 이 무덤을 '마할의 왕관'이라는 뜻의 ③☐☐☐☐이라고 불렀다. 타지마할은 자연과 조화를 이루는 신비롭고 아름다운 건축물이다.

① _____ ② _____ ③ _____

낱말의 관계

비슷한말에는 =, 반대말에는 ↔ 기호를 쓰세요.

끝나다		마치다
일이 다 이루어지다.	○	어떤 일을 끝내다.

불러들이다		불러내다
불러서 안으로 들어오게 하다.	○	불러서 밖으로 나오게 하다.

사들이다		구입하다
물건 따위를 사서 들여오다.	○	물건 따위를 사들이다.

짓다		부수다
집 따위를 만들다.	○	만들어진 물건을 못 쓰게 만들다.

헷갈리는 말

알맞은 말에 ○ 하세요.

비추다	VS	비치다
빛을 내는 대상이 다른 대상에 빛을 보내어 밝게 하다.		빛이 나서 환하게 되다.

'비추다'는 '을, 를'과 함께 쓰고, '비치다'는 '이, 가'와 함께 써.

(1) 손전등으로 어두운 골목을 (비추다 , 비치다).

(2) 흐린 하늘 사이로 햇빛이 (비추다 , 비치다).

토픽 한 줄 정리

궁전보다 아름다운 무덤, 타지마할에 대해 알아본 소감이 어때?

_____

_____

전쟁을 멈출
방법은 없을까?

싸우지 않고
이긴 전쟁이
있다고?

사람들은
왜 전쟁을 할까?

전쟁

| 나라나 겨레끼리 무기를 가지고 싸우는 것.

전쟁은
얼마나
무서울까?

현대의 전쟁은
어떤 모습일까?

사람들에게 평화의
소중함을 알려 줄
수는 없을까?

전쟁을 가장 많이
벌인 나라는?

전쟁을
막아야 하는
이유는 뭘까?

안네의 일기

1943년 1월 13일 수요일

키티, 독일군이 밤낮을 가리지 않고 유대인을 잡아가고 있어. 우리의 모든 걸 빼앗고, 가족들을 뿔뿔이 헤어지게 해. 학교에 다녀왔더니 현관문에 못질이 되어 있어 집에 들어가지 못했다는 애들도 있어.

㉠우리가 이 전쟁에서 벗어날 수 있을까? 온 세계가 전쟁의 불길에 타들어 가고 있잖아. 전세가 연합군에게 유리하다는 소식은 들었어. 하지만 전쟁이 언제 끝날지는 아무도 모르잖아. 소련과 아프리카에서는 하루에만 수천 명이 죽는다던데……. 우리가 살아남을 수 있을까? 너무 두려워. 창밖으로 다 떨어진 신발을 신고 빵을 구걸하는 아이들이 보여. 우리 사정도 날마다 나빠지고 있어. ㉡독일군은 우리를 찾으려고 구석구석을 뒤지고, 식량도 점점 줄어들고 있어.

키티, 우리는 그저 전쟁이 끝나길 기다리는 것밖에 할 수 있는 게 없을까? 평화로운 세상이 꼭 올 거라고 믿고 싶어. 내 간절한 바람이야.

1943년 7월 19일 월요일

사랑하는 친구 키티에게

㉢어제 엄청난 폭격이 있었어. 귀가 터질 것 같았지. 얼마나 무서웠는지 몰라. 난 이불 속에서 귀를 막고 울었어. 지금도 너무 떨려. 얼마나 많은 사람이 다치고 죽었는지 병원에 발 디딜 틈이 없대. 거리는 엉망이 되었고, 건물들은 아직도 불타고 있어. 검은 연기 속에서 부모를 잃은 아이들 울음소리가 들려. 마음이 너무 아파. 그 아이들은 어떻게 될까?

*안네의 일기: 유대인 소녀 안네 프랑크가 제2차 세계 대전 때 독일군을 피해 은신처에서 숨어서 쓴 일기. '키티'라는 가상의 인물에게 편지 형식으로 씀.

어휘 알기 색칠한 낱말과 초성을 보고 뜻풀이에 알맞은 낱말을 ___에 쓰세요.

| ㅈ | ㅅ | 전쟁이나 경기의 형편. | _____ |

| ㅍ | ㄱ | 비행기에서 폭탄을 떨어뜨려서 공격하는 일. | _____ |

| ㄱ | ㄱ | 남한테 돈, 먹을 것, 입을 것 등을 거저 달라고 하는 것. | _____ |

독해력 기르기

01 이 글에 대한 설명이에요. 알맞은 말에 ○ 하세요.

> '안네'라는 소녀가 제2차 세계 대전 때 독일군을 피해 숨어 살면서 겪었던 일을 쓴 (일기 , 편지)이다.

02 ㉠에서 느낄 수 있는 글쓴이의 마음과 거리가 <u>먼</u> 것은 무엇인가요? (   )

① 무섭다   ② 두렵다   ③ 불안하다   ④ 귀찮다   ⑤ 걱정스럽다

03 ㉡을 바르게 이해하지 <u>못한</u> 친구에 ○ 하세요.

(1)
식량을 구하지 못해서 앞으로의 생활이 어려워질까 봐 걱정하고 있구나.

(2)
독일군에게 들켜서 잡혀갈까 봐 걱정하고 있구나.

(3)
식량을 얻기 위해 구걸을 해야겠다고 생각하고 있구나.

04 ㉢으로 일어난 일이 <u>아닌</u> 것은 무엇인가요? (　　　)

① 건물이 불탔다.

② 아이들이 부모를 잃었다.

③ 군인들이 전쟁을 멈췄다.

④ 거리가 엉망으로 부서졌다.

⑤ 사람들이 많이 다치고 죽었다.

05 이 글을 읽고 생각하거나 느낀 점을 바르게 말하지 <u>못한</u> 친구의 이름을 쓰세요.

(　　　　　　)

> **아현:** 전쟁에 대해 설명한 역사책을 볼 때보다 전쟁의 피해가 더 생생하게
> 느껴졌어.
> **수호:** 독일군에게 언제 잡혀갈지 모르는 상황에서 일기를 쓰다니, 안네는
> 전쟁의 두려움을 느끼지 못했던 것 같아.
> **나라:** 안네라는 소녀가 전쟁을 직접 겪으며 쓴 일기를 보니, 전쟁의 무서움
> 이 더욱 와닿았어.

06 이 글의 내용을 요약했어요. 빈칸에 들어갈 알맞은 말을 쓰세요.

①⬜⬜의 일기

1943년 1월 13일 수요일
②⬜⬜⬜이 유대인을 잡아가고 있다. 많은 사람이 전쟁으로 목숨을 잃었고, 생활은 어려워졌다. 전쟁이 언제 끝날지 모르겠지만, 평화로운 세상이 꼭 올 거라고 믿는다.

1943년 7월 19일 월요일
엄청난 ③⬜⬜이 있었다. 너무 무서워서 귀를 막고 울었다. 사람들이 많이 다치고, 건물은 불타고, 부모를 잃은 아이들도 생겼다. 마음이 너무 아프다.

① _____　　② _____　　③ _____

틀리기 쉬운 말

밑줄 친 말이 알맞으면 ◎, 알맞지 않으면 ☒에 ○ 하세요.

(1) 우리 가족의 바람은 모두의 건강이야.   ◎ ☒
(2) 우리나라가 발전하는 것이 나의 바램이야.   ◎ ☒
(3) 나의 바람대로 내일 첫눈이 오면 좋겠어.   ◎ ☒
(4) 나의 바램은 내일 놀이공원에 가는 거야.   ◎ ☒

'바람'은 '바라다'에서 나온 말로, 무언가를 희망할 때 쓰는 말이야. '바람'을 '바램'으로 쓰지 않도록 주의해.

헷갈리는 말

바르게 쓴 말을 모두 찾아 ○ 하세요.

-이
같은 말이 반복되는 낱말이나 'ㅅ' 받침 뒤에 쓴다.

VS

-히
'-하다'가 붙을 수 있는 낱말 뒤에 쓴다.

| 뿔뿔이 | 줄줄히 | 정확히 |
| 반듯이 | 말끔히 | 깨끗히 | 솔직히 |

'-하다'가 붙을 수 있는 낱말이어도 'ㅅ' 받침으로 끝나는 말 뒤에는 '-이'를 써야 해. '깨끗이', '반듯이'처럼 말이야.

토픽 한 줄 정리

키티가 되어 안네에게 답장을 써 봐!

안네야, _____

_____

사람들은 왜 전쟁을 하는 걸까? 궁금하면 다음 장을 넘겨 봐! >>>>>

전쟁은 왜 일어날까?

서원 아빠, 뉴스에서 전쟁 중인 나라들을 봤어요. 폭격으로 마을이 불타고 처참히 부서
진 모습이 너무 안타깝고 무서웠어요.

아빠 과학 기술이 발달하면서 무기의 성능도 매우 좋아졌어. 미사일 한 발로 도시 전체가
파괴될 정도로 매우 강력하지. 그래서 오늘날 벌어지는 전쟁은 피해가 더 크단다.

서원 끔찍한 무기를 쓰면서 전쟁을 벌이는 이유는 뭘까요?

아빠 전쟁이 일어나는 이유는 크게 두 가지가 있어. 보통 자기 나라의 이익을 챙기려는
속셈에서 전쟁을 일으키는 경우가 많아. 다른 나라의 영토나 자원을 뺏으려고 전쟁
을 벌이는 거지. 다름을 인정하지 않아서 전쟁이 일어나기도 해. 종교나 인종, 생각
이 다르다는 이유로 다른 나라나 민족을 굴복시키려는 거지. 전쟁을 일으킨 나라
들은 저마다 전쟁의 정당함을 외친단다. 하지만 잘 들여다보면 결국 자기들의 이익
을 좇는 욕심에서 비롯된 거란다.

서원 학교에서는 친구들끼리 다툼이 있을 때 서로 ⟨　㉠　⟩ 양보하라고 해요. 또 서로
의 다름을 ⟨　㉡　⟩ 존중하라고 배우죠. 그런데 어른들은 왜 배운 것을 실천하
지 않을까요?

아빠 대부분의 사람들은 전쟁에 반대해. 그래서 국제 사회에서도 나라 사이의 다툼을 해
결하기 위한 단체를 만들고, ㉢많은 사람이 평화를 지키기 위한 활동도 펼치고 있
단다. 이런 노력이 계속되면 언젠가 전쟁 없는 세상이 만들어질 거야.

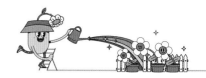
어휘 알기 색칠한 낱말과 초성을 보고 뜻풀이에 알맞은 낱말을 ＿＿에 쓰세요.

| ㅈ | ㅈ | 높이어 귀중하게 대함. |

＿＿＿＿＿＿＿＿＿＿＿＿

| ㅅ | ㅅ | 마음속에 품은 생각이나 계획. |

＿＿＿＿＿＿＿＿＿＿＿＿

| ㅅ | ㄴ | 기계나 기구 같은 것이 작용하는 능력. |

＿＿＿＿＿＿＿＿＿＿＿＿

| ㄱ | ㅂ | 힘에 눌려서 제 뜻을 굽히고 남을 따르는 것. |

＿＿＿＿＿＿＿＿＿＿＿＿

독해력 기르기

01 아빠와 서원이가 무엇에 대해 이야기하고 있는지 알맞은 것에 ○ 하세요.

(1) 전쟁이 일어나면 어떤 피해를 입을까?

(2) 전쟁이 일어나는 이유는 무엇일까?

02 이 글을 통해 알 수 있는 사실로 알맞지 <u>않은</u> 것은 무엇인가요? (   )

① 오늘날에는 전쟁이 일어나지 않는다.

② 많은 사람이 평화를 지키기 위해 여러 활동을 한다.

③ 다름을 인정하지 않기 때문에 전쟁이 벌어지기도 한다.

④ 자기 나라의 이익을 챙기려는 속셈에서 전쟁을 벌이기도 한다.

⑤ 오늘날에는 무기의 성능이 좋아서 전쟁이 일어나면 피해가 크다.

03 ㉠과 ㉡에 들어갈 말이 바르게 짝 지어진 것은 무엇인가요? (　　　)

① 대화하고 - 자랑하고　　② 따지고 - 인정하고　　③ 대화하고 - 인정하고

④ 따지고 - 비판하고　　⑤ 다투고 - 지적하고

04 ㉢과 관계있는 활동에 ○ 하세요.

(1)
> '핵무기 폐기 국제 운동'은 모든 나라가 핵무기를 없애야 한다고 주장하는 단체이다. 핵무기의 엄청난 피해를 알리고, 평화를 위해 핵무기를 없애자는 활동을 한다.

(2)
> '해비타트'는 사랑의 집 짓기 운동을 벌이는 단체이다. 가난해서 집이 없거나 열악한 환경에서 살아가는 사람들을 위해 집을 지어 주거나 고쳐 주는 활동을 한다.

05 이 글의 내용을 요약했어요. 빈칸에 들어갈 알맞은 말을 쓰세요.

> 전쟁은 왜 일어날까?

자기 나라의 ①◻◻을 챙기려는 속셈에서 전쟁을 일으킨다. 다른 나라의 영토나 자원을 빼앗으려는 목적으로 전쟁을 벌인다.

②◻◻을 인정하지 않아서 전쟁이 일어난다. 종교, 인종, 생각이 다르다는 이유로 다른 나라나 민족을 굴복시키려고 전쟁을 벌인다.

> 많은 사람이 다툼을 해결하기 위한 단체를 만들고, 평화를 지키려고 노력하고 있다. 이런 노력이 이어지면 ③◻◻은 없어질 것이다.

①＿＿＿＿＿＿＿　　②＿＿＿＿＿＿＿　　③＿＿＿＿＿＿＿

낱말의 관계

비슷한말에는 =, 반대말에는 ↔ 기호를 쓰세요.

정당하다	부당하다
이치에 맞아 올바르다.	이치에 맞지 아니하다.

계속되다	지속되다
끊이지 않고 이어져 나가다.	어떤 상태가 계속되다.

강력하다	세다
힘이나 영향이 강하다.	힘이 많다.

파괴되다	망가지다
부서지거나 무너지다.	부서져서 못 쓰게 되다.

헷갈리는 말

알맞은 말에 ○ 하세요.

좇다
목표나 이상, 남의 뜻 따위를 따르다.

VS

쫓다
잡거나 만나려고 급히 따라가다.

'좇다'는 눈에 보이지 않는 것을 따를 때, '쫓다'는 눈에 보이는 어떤 것을 뒤따를 때 써.

(1) 경찰이 도둑을 (좇아 , 쫓아) 힘껏 달렸어.

(2) 꿈을 (좇아 , 쫓아) 열심히 노력하고 있어.

토픽 한 줄 정리

전쟁 반대 포스터에 넣을 만한 문구를 완성해 봐!

우리는 전쟁에 반대합니다!

전쟁은 _____

싸움 없이 말로 이긴 전쟁을 알고 있니?
궁금하면 다음 장을 넘겨 봐! >>>>>

전쟁을 막은 서희의 담판

고려 때 일입니다. 요나라를 세운 거란이 80만 대군을 이끌고 고려로 쳐들어왔어요. 고려의 일부 신하들은 거란의 요구를 들어주고 화해를 청하자고 했어요. 그때 서희가 나섰어요.

"제가 거란의 장군 소손녕을 만나서 담판을 짓고, 군대를 돌려보내겠습니다."

신하들은 모두 어이없어했지만 임금은 서희를 적진으로 보냈어요. 소손녕이 거만하게 서희를 맞았어요.

"땅에 엎드려 나에게 절을 하시오."

"신하는 오직 임금에게만 땅에 엎드려 절하는 법이오."

서희가 그대로 돌아가자 오히려 소손녕의 기가 꺾였어요. 소손녕은 예의를 갖춰 서희에게 다시 회담을 청했지요.

㉠"고려는 신라를 이은 나라 아니오? 우리 거란은 발해를 무너뜨리고 옛 고구려 땅을 차지했소. 그러니 고구려 땅이었던 압록강 주변의 땅도 모두 우리의 것이오. 지금 고려가 차지하고 있는 그 땅을 돌려주시오!"

"고려는 고구려의 뒤를 이은 나라요. 나라 이름을 고려라고 한 것만 봐도 알 수 있지 않소. 당연히 옛 고구려 땅은 우리 고려의 땅이오!"

서희가 당당하게 되받아치자, 소손녕은 우물쭈물 말을 돌렸어요.

"고려는 거란과 맞닿아 있으면서 왜 바다 건너 송나라와 친하게 지내는 것이오? 더는 두고 볼 수 없으니 송나라와 관계를 끊고, 우리 거란을 섬기시오."

"우리가 거란과 친하지 못한 것은 북쪽에 있는 여진 때문이오. 거란이 여진을 내쫓고 그 땅을 우리에게 주면 거란과 고려 사이에 길이 열려 친하게 지낼 수 있을 것이오."

서희의 말이 옳다고 여긴 거란은 서희의 말을 따랐어요. 서희의 담판으로 고려는 거란의 80만 대군은 물론 여진까지 몰아내고 영토를 넓히는 성과를 얻었어요.

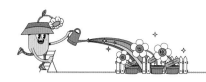

어휘 알기   색칠한 낱말과 초성을 보고 뜻풀이에 알맞은 낱말을 ___에 쓰세요.

| ㅈ | ㅈ | 적이 군대를 벌여 놓은 곳.

_____

| ㄷ | ㅍ | 이야기를 나누어 누가 옳은지 가리거나 일을
마무리하는 것.

_____

| ㅎ | ㄷ | 어떤 문제를 가지고 거기에 관련된 사람들이
한자리에 모여서 토의함.

_____

독해력 기르기

01   이 글은 어느 시대에 일어난 일인가요? 알맞은 시대에 ◯ 하세요.

> 고구려 시대   신라 시대   고려 시대   조선 시대

02   거란이 침략했을 때 고려의 신하들과 서희가 낸 의견을 찾아 선으로 이으세요.

(1)   신하들   •

(2)   서희   •

• (가)   거란의 장군 소손녕과 담판을
짓고 군대를 돌려보내겠습니다.

• (나)   거란의 요구를 들어주고 화해를
청하는 것이 좋겠습니다.

03   소손녕이 ㉠처럼 요구하자 서희가 어떻게 대답했는지 알맞은 말에 ◯ 하세요.

고려는 고구려의 뒤를 이은 나라요. 나라 이름을
(고조선 , 고려)라고 한 것만 봐도 알 수 있지 않소.
당연히 옛 고구려 땅은 우리 고려의 땅이오!

04 담판을 하는 소손녕과 서희의 태도를 바르게 짝 지은 것의 기호를 쓰세요. ( )

소손녕	서희
㉮ 어리석고 교활하다.	다정하고 배려심이 많다.
㉯ 사납고 신경질적이다.	조용하고 친절하다.
㉰ 거만하고 욕심이 많다.	당당하고 논리적이다.

05 서희에 대한 평가로 알맞은 말을 하는 친구에 ○ 하세요.

(1)
거란의 무리한 요구를
논리적인 말솜씨로 받아쳐 전쟁을
막고 나라의 땅까지 넓히다니,
정말 대단해!

(2)
친절하고 겸손한 태도로
거란을 감동시켜서
원하는 것을 얻어 내다니
참 지혜로워.

06 이 글의 내용을 요약했어요. 빈칸에 들어갈 알맞은 말을 쓰세요.

고려 때 ①□□이 80만 대군을 이끌고 쳐들어오자 ②□□가 담판에 나섰다. 옛 고구려 땅을 내놓으라는 ③□□□의 요구에 서희는 고려는 고구려를 잇는 나라이므로, 옛 고구려 땅을 줄 수 없다고 당당히 되받아쳤다. 그러자 소손녕은 송나라와 관계를 끊으라고 요구했다. 서희가 여진을 내쫓고 그 땅을 주면 거란과 친하게 지낼 수 있을 거라고 하자, 소손녕은 이를 받아들였다. 서희의 담판으로 고려는 전쟁 없이 거란의 80만 대군은 물론 여진까지 몰아내고 영토를 넓히는 성과를 얻었다.

① _____ ② _____ ③ _____

어휘력
더하기

뜻이 비슷한 말

밑줄 친 낱말과 바꾸어 쓸 수 있는 말에 모두 ○ 하세요.

(1) 소손녕은 몹시 <u>거만하게</u> 말했어. → 친절하게 건방지게 교만하게

(2) 적군을 나라 밖으로 <u>몰아냈어</u>. → 내쫓았어 물리쳤어 가두었어

(3) 고려는 거란과 <u>맞닿아</u> 있어. → 이웃해 접해 떨어져

올바른 표기

뜻이 같은 표준어가 되도록 빈칸에 알맞은 말을 쓰세요.

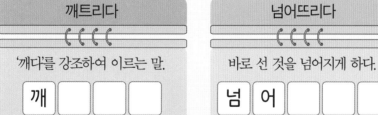

무너뜨리다
쌓여 있거나 서 있는 것을 허물어 내려앉게 하다.
무 너 □ □ □

부서트리다
단단한 물체를 깨어서 여러 조각이 나게 하다.
부 서 □ □ □

깨트리다
'깨다'를 강조하여 이르는 말.
깨 □ □ □

넘어뜨리다
바로 선 것을 넘어지게 하다.
넘 어 □ □ □

'강조'의 뜻을 더하는 '-뜨리다'와 '-트리다'는 둘 다 표준어로 인정하고 있어.

토픽 한 줄 정리   서희에게 본받고 싶은 점이 있니?

☐ 훌륭한 말솜씨   ☐ 당당한 태도   ☐ _____

왜냐하면 _____

 전쟁터에서 일어난 크리스마스의 기적에 대해 들어 봤니? 궁금하면 다음 장을 넘겨 봐! >>>>>

전쟁을 멈춘 크리스마스의 기적

　　1914년에 제1차 세계 대전이 일어나자, 유럽은 죽고 죽이는 싸움터로 변해 버렸어요. 그런데 그 끔찍한 전쟁터 한가운데에서 기적과 같은 일이 일어났어요.

　　한겨울, 크리스마스이브의 밤이었어요. 벨기에의 한 전쟁터에서 영국군과 독일군이 대치하고 있었어요. 상대가 언제 총을 쏘며 공격할지 몰라 양쪽 군인들은 잔뜩 긴장하고 있었어요. 그런데 독일군 쪽에서 어둠을 뚫고 '고요한 밤 거룩한 밤'이라는 캐럴이 들려왔어요. 노래가 끝나자 영국군은 '저 들 밖에 한밤중에'라는 캐럴을 답가로 불렀어요. 양쪽 군인들은 서로의 노래를 따라 부르기도 했지요.

　　다음 날이 되자, 군인들은 누가 먼저랄 것도 없이 전쟁터의 한가운데로 모였어요. 서로 악수를 나누고 음식과 기념품을 교환하는가 하면 함께 어울려 축구를 하고 기념사진도 찍었어요. 또 전투에서 죽은 동료들을 함께 묻어 주고, 그들을 위한 기도를 했어요.

　　이 일은 군인들이 찍은 사진과 가족에게 보낸 편지를 통해 널리 알려졌어요. 한 군인이 부모에게 보낸 편지에는 이런 내용이 있었어요. '몇 시간 전까지 총을 겨누던 사람들이 악수하고 대화도 했어요! 정말 굉장하죠?'

　　이런 평화는 오래가지 못했어요. 크리스마스가 지나자 군인들은 전투를 다시 벌여야 했지요. 하지만 끔찍한 전쟁터에서 일어난 잠깐 동안의 휴전을 보며 사람들은 '누구나 전쟁보다는 평화를 원한다.'라는 단순하지만 큰 깨달음을 얻었어요.

어휘 알기 색칠한 낱말과 초성을 보고 뜻풀이에 알맞은 낱말을 ____에 쓰세요.

| ㄷ | ㅊ | 서로 맞서서 버팀.

_____

| ㅋ | ㄹ | 크리스마스에 부르는 성탄 축하곡.

_____

| ㅎ | ㅈ | 하던 전쟁을 서로 의논하여 얼마 동안
멈추는 일.

_____

독해력 기르기

01 이 글의 배경이 된 전쟁에 ○ 하세요.

> 제1차 세계 대전   제2차 세계 대전   나폴레옹 전쟁

02 군인들이 휴전 동안 한 일이 <u>아닌</u> 것에 ✕ 하세요.

(1) 서로 어울려 축구를 했다.   (   )

(2) 음식과 기념품을 교환했다.   (   )

(3) 전쟁을 반대하며 전쟁터에서 탈출했다.   (   )

(4) 전투에서 죽은 동료를 함께 묻어 주었다. (   )

03 다음 상황에서 군인들은 상대편 군인들을 어떻게 생각했을지 알맞게 선으로 이으
세요.

(1) 전쟁터에서 대치 중일 때 •   • ㈎ 즐거운 시간을 함께한 동료

(2) 크리스마스를 함께 보낼 때 •   • ㈏ 목숨을 걸고 싸워야 할 적군

04 군인들이 크리스마스에 휴전을 한 까닭은 무엇일지 바르게 짐작한 친구에 ○ 하세요.

(1)
상대편 군인들과
친해져서 군사 작전을
알아내려고 한 거야.

(2)
전쟁의 두려움을 잊고,
평화로웠던 순간을
되찾고 싶었기 때문이야.

05 이 글을 읽고 생각하거나 느낀 점을 바르게 말하지 <u>못한</u> 친구의 이름을 쓰세요.

( )

> 종우: 군인들도 어쩔 수 없이 전투를 벌였을 뿐, 전쟁을 원하지 않았다는 걸
> 느낄 수 있었어.
> 우승: 윗사람의 명령에 따라 휴전을 한 군인들은 평화의 소중함을 그렇게
> 크게 느끼진 못했을 거야.
> 정연: 군인들의 모습을 보며 모두가 전쟁보다는 평화를 원한다는 것을 알게
> 되었어.

06 이 글의 내용을 요약했어요. 빈칸에 들어갈 알맞은 말을 쓰세요.

> 제1차 세계 대전 때, 벨기에의 한 전쟁터에서 ① ☐☐☐ 과 영국군이 대치 중
> 이었다. 그러던 중 크리스마스이브 밤에 독일군과 영국군은 ② ☐☐ 을 함께
> 불렀다. ③ ☐☐☐☐☐ 에는 음식과 기념품을 교환하고 함께 축구를 하며
> 즐거운 시간을 보냈다. 이런 평화는 오래가지 못하고 다시 전투를 치러야 했지
> 만 많은 사람에게 평화의 소중함을 깨닫게 했다.

① _____ ② _____ ③ _____

뜻이 비슷한 말

글자판에서 글자를 찾아 밑줄 친 말과 뜻이 비슷한 말을 쓰세요.

주 고 어 받 벌 지

(1) 병사들이 기념품을 <u>교환하다</u>.

☐ ☐ ☐ 다

(2) 제1차 세계 대전이 <u>일어나다</u>.

☐ ☐ ☐ 다

뜻을 더하는 말

빈칸에 알맞은 말을 쓰세요.

한-
어떤 낱말 앞에 붙어 '정확한' 또는 '한창때인'의 뜻을 더한다.

➕

밤중 가운데 겨울 낮

한 ☐ ☐
깊은 밤.

한 ☐ ☐ ☐
가장 가운데가 되는 곳.

한 ☐ ☐
한창 추운 겨울.

토픽 한 줄 정리

평화가 좋은 이유를 두 가지만 생각해 봐!

첫째, _____

둘째, _____

전쟁을 게임처럼 생각하면 어떻게 될까?
궁금하면 다음 장을 넘겨 봐! >>>>>

전쟁은 전투 게임이 아니야

걸프 전쟁이라고 들어 보았나요? 걸프 전쟁은 1991년에 미국을 중심으로 한 다국적군과 이라크 사이에 벌어진 전쟁이에요. 그런데 사람들은 이 전쟁을 '닌텐도 전쟁'이라고도 불렀어요. 왜 걸프 전쟁을 게임에 빗대어 말했을까요?

걸프 전쟁 때 미국의 뉴스 전문 방송사인 시엔엔(CNN)은 전투 상황을 실시간으로 보여 줘서 전 세계의 관심을 얻었어요. 미국의 미사일이 이라크의 미사일을 떨어뜨리거나, 미국의 전투기가 이라크의 탱크를 폭파하는 장면을 생방송으로 내보낸 거예요. 최신 무기의 성능을 자랑하듯 전투 장면을 보여 주었어요. 또 실제 찍지 못한 전투 장면은 컴퓨터 그래픽으로 만들어 더 화려하고 흥미롭게 보여 줬어요.

두려움과 걱정 속에 전쟁을 지켜보던 사람들은 전투 장면을 아무렇지 않게 보기 시작했어요. 최신 무기와 어마어마한 폭발 장면 등을 보면서 감탄하기까지 했어요. ㉠사람들은 화려한 전투 장면에 빠져서 전쟁으로 고통받는 사람들의 아픔은 잊었어요. 전쟁의 폭력성을 느끼지 못하고 마치 전투 게임을 보듯이 뉴스를 시청했어요.

하지만 전쟁은 전투 게임이 아니에요. 전쟁으로 사랑하는 가족을 잃고, 정든 집을 떠나야 하는 등 평화롭던 삶은   ㉡   바뀌니까요. 걸프 전쟁을 통해 많은 사람이 전쟁 뉴스를 보도하는 방송사의 태도에 대해서도 다시 생각해 보는 기회가 되었어요.

어휘 알기 색칠한 낱말과 초성을 보고 뜻풀이에 알맞은 낱말을 ____에 쓰세요.

| ㅅ | ㅂ | ㅅ |

어떤 일이 벌어지는 자리에서 바로
방송하는 것.

_____

| ㅂ | ㄷ | ㅎ | ㄷ |

신문이나 방송으로 소식을
널리 알리다.

_____

| ㄷ | ㄱ | ㅈ | ㄱ |

여러 나라의 국적을 가진
군인들로 꾸려진 군대.

_____

독해력 기르기

01 걸프 전쟁에 대한 설명으로 알맞은 것에 ○ 하세요.

(1) 사람들은 닌텐도 전쟁이라고 게임에 빗대어 말하기도 했다.   (   )

(2) 이라크를 중심으로 한 다국적군과 미국 사이에 벌어진 전쟁이다. (   )

02 사람들이 ⊙처럼 생각한 까닭은 무엇인지 알맞은 것에 ○ 하세요.

(1)
게임처럼 멋있고 화려한 전투
장면을 보면서 전쟁의 폭력성을
느끼지 못했기 때문에

(2)
많은 사람이 걸프 전쟁에서
미국이 승리하기를
바랐기 때문에

03 ⓒ에 들어갈 말로 알맞은 것은 무엇인가요? (   )

① 행복하게   ② 화려하게   ③ 지루하게

④ 불행하게   ⑤ 안전하게

04 이 글에서 글쓴이가 문제라고 생각한 걸프 전쟁의 보도 방법에 모두 ○ 하세요.

(1) 최신 무기의 성능을 자랑하듯 보여 주었다. ( )

(2) 전투 장면을 화려하게 보여 주기 위해 컴퓨터 그래픽을 사용했다. ( )

(3) 전쟁으로 가족을 잃고 집을 떠나는 사람들의 모습을 보여 주었다. ( )

05 이 글을 읽고 자신의 생각을 알맞게 말하지 <u>못한</u> 친구의 이름을 쓰세요.

( )

> 재석: 게임에서는 사람이 죽거나 다치지 않지만, 전쟁에서는 이런 일이 실제로 일어나. 그러니까 전쟁을 게임처럼 생각하면 안 돼.
> 미란: 전쟁 뉴스를 화려한 볼거리 중심으로 만들면 사람들은 전쟁의 폭력성을 실감하지 못할 거야.
> 석진: 사람들이 실제로 전쟁터에 갈 수 없잖아. 그러니까 뉴스를 보도하는 방송사는 전투 장면을 멋있게 찍어서 보여 줘야 해.

06 이 글의 내용을 요약했어요. 빈칸에 들어갈 알맞은 말을 쓰세요.

처음	걸프 전쟁을 '닌텐도 전쟁'이라고 부르며 ①□□□에 빗대어 말했다.
가운데	• ②□□ 전쟁 때 미국의 뉴스 전문 방송사인 시엔엔(CNN)은 최신 무기를 자랑하듯 소개하고, 컴퓨터 그래픽 등을 사용해 전투 장면을 화려하고 볼거리 가득하게 만들었다. • 사람들은 전쟁 뉴스를 전투 게임을 보듯이 시청하고, 전쟁으로 고통받는 사람들의 아픔은 잊었다.
끝	걸프 전쟁을 통해 사람들은 ③□□ 뉴스를 보도하는 방송사의 태도에 대해서도 다시 생각하게 되었다.

① _____   ② _____   ③ _____

낱말의 뜻

빈칸에 들어갈 알맞은 말을 찾아 선으로 이으세요.

(1)
> **뉴스**
> 새로운 ☐☐을 전하여 주는
> 방송의 프로그램.

• (가) 방송

• (나) 소식

(2)
> **방송사**
> 여러 시설을 갖추고 ☐☐을
> 내보내는 회사.

틀리기 쉬운 말

밑줄 친 낱말이 바르게 쓰인 것에 모두 ○ 하세요.

◎ 폭발
불이 일어나며
갑작스럽게 터짐.

◎ 폭파
폭발시켜
부숨.

✗ 폭팔
틀린
표기임.

'폭팔'은 '폭발', '폭파'와
글자의 모양이 비슷해서 맞는
말이라고 생각하기 쉬워. 하지만
'폭팔'은 틀린 말이야.

(1) 화산 폭팔로 도시 전체가 화산재에 묻혔다.　(　)

(2) 시한폭탄의 폭파를 막기 위해 전문가를 불렀다.　(　)

(3) 여객기 폭발 사고가 일어나 많은 사람이 다쳤다.　(　)

토픽 한 줄 정리
실제 전쟁과 비슷한 전투 게임에 대해 어떻게 생각하니?

☐ 게임이니까 괜찮아!　　　☐ 게임이라도 좋지 않아!

왜냐하면 _____

우리나라를
세운 사람은
누구일까?

우리나라의
자랑거리는
무엇일까?

우리나라에서
가장 유명한 건
뭘까?

우리나라

| 우리가 사는 나라. 대한민국을 이르는 말.

우리나라를
왜 '팔도'라고
부를까?

우리나라는 언제
세계에 알려졌을까?

세계인들은
우리나라를 어떻게
바라볼까?

우리나라는 앞으로
어떻게 달라질까?

우리나라의
역사는
얼마나 오래
되었을까?

단군 신화

하늘 나라 임금의 아들 환웅은 땅으로 내려가 사람들을 돕고 싶었어요. 그래서 바람, 비, 구름의 신과 삼천 명의 무리를 이끌고 태백산 신단수 아래로 내려왔어요. 환웅은 사람들에게 농사짓는 법과 병 고치는 법 등 살아가는 데 필요한 것들을 가르쳐 주었어요. 그러자 그를 따르는 사람이 점점 늘고, 마을이 커졌어요.

"저희를 지혜로운 사람으로 만들어 주세요."

어느 날, 곰과 호랑이가 찾아와 간절히 빌었어요. 환웅은 쑥과 마늘을 주며 말했어요.

"백 일 동안 햇빛을 보지 말고 ㉠이것을 먹으며 지내라. 그러면 사람이 될 것이다."

곰과 호랑이는 어두운 동굴로 들어갔어요.

"맵고 써서 더는 못 먹겠어."

호랑이는 이틀 만에 동굴을 뛰쳐나갔어요. 하지만 곰은 꾹 참고 견뎌 스무하루 만에 여자가 되었지요. 곰이 변하여 여자가 되었다고 해서 웅녀라고 불렀어요.

환웅은 웅녀를 아내로 맞았어요. 열 달 뒤, 웅녀가 아들을 낳았는데 그 아이가 바로 단군이에요. 환웅은 단군을 보며 말했어요.

㉡"이 아이는 장차 큰사람이 될 것이오."

단군은 어려서부터 씩씩하고 어질었어요. 어른들이 풀지 못하는 문제를 지혜롭게 해결하기도 했고요. 또 사냥을 할 때면 물러서는 법이 없었지요.

사람들은 어려움이 생기거나 다툼이 일어나면 단군에게 달려왔어요. 어느덧 단군은 여러 마을을 다스리는 임금이 되었어요.

"우리나라를 조선이라 하겠소."

"임금님, 만세!"

단군은 우리 땅 최초의 나라, 조선을 세우고 1500년 동안 평화롭게 다스렸어요.

어휘 알기 색칠한 낱말과 초성을 보고 뜻풀이에 알맞은 낱말을 ___에 쓰세요.

| ㅁ | ㄹ | 여럿이 한데 모여서 떼를 이룬 것. | _____ |

| ㅇ | ㅈ | ㄷ | 마음이 너그럽고 착하며 슬기롭고 덕이 높다. | _____ |

| ㅅ | ㄷ | ㅅ | 단군 신화에서, 환웅이 처음 하늘에서 그 밑으로 내려왔다는 신성한 나무. | _____ |

독해력 기르기

01 이 글에 나오는 인물을 모두 찾아 ○ 하세요.

> 하늘 나라 임금   웅녀   단군   호랑이   환웅

02 단군에 대한 설명으로 알맞지 <u>않은</u> 것에 ✕ 하세요.

(1) 환웅과 웅녀의 아들이다.   (   )

(2) 우리나라 최초의 국가를 세웠다.   (   )

(3) 쑥과 마늘을 먹고 스무하루 만에 사람이 되었다. (   )

03 ㉠이 가리키는 것은 무엇인지 빈칸에 알맞은 말을 쓰세요.

| | 과 | | |

04 환웅이 말한 ⓛ의 속뜻과 거리가 먼 것에 ✕ 하세요.

(1) 키가 큰 사람으로 자랄 것이다.   (   )

(2) 큰일을 해내거나 위대한 사람이 될 것이다.   (   )

(3) 됨됨이가 뛰어나고 훌륭한 사람이 될 것이다. (   )

05 다음 글을 보고, 「단군 신화」와 비슷한 성격의 신화에 대해 말하는 친구에 ○ 하세요.

> 신화는 옛날부터 전해 내려오는 신성한 이야기이다. 신화에는 보통 인간 이상의 능력을 가진 영웅이나 신이 나오는 이야기, 「단군 신화」처럼 한 나라가 처음 생겨난 유래에 관한 이야기 등이 있다.

(1) 알에서 태어난 주몽이 뛰어난 능력으로 고구려를 세웠다는 신화와 비슷해.

(2) 제우스, 헤라를 비롯한 올림포스 12신의 이야기를 다룬 그리스 신화와 비슷해.

06 이 글의 내용을 요약했어요. 빈칸에 들어갈 알맞은 말을 쓰세요.

> 하늘 나라 임금의 아들인 ① ◻︎◻︎은 여러 신과 무리를 이끌고 땅으로 내려왔다. 그러자 사람들이 모여들어 마을을 이루었다. 어느 날 곰과 호랑이가 찾아와 사람이 되게 해 달라고 빌자 환웅은 백 일 동안 쑥과 마늘만 먹고 햇빛을 보지 말라고 했다. 호랑이는 참지 못하고 동굴을 뛰쳐나갔지만 끝까지 견딘 곰은 여자가 되었고, ② ◻︎◻︎라고 불렸다. 환웅은 웅녀와 결혼하여 ③ ◻︎◻︎을 낳았다. 단군은 훗날 우리나라 최초의 나라인 조선을 세웠다.

① _____   ② _____   ③ _____

 ## 뜻이 비슷한 말

밑줄 친 말과 뜻이 비슷한 말을 찾아 ✓ 하세요.

사람들에게 생긴 문제를 <u>풀다</u>.
☐ 맞히다 ☐ 해결하다

뜻 어떠한 문제를 처리하다.

농사짓는 법을 <u>가르치다</u>.
☐ 교육하다 ☐ 숨기다

뜻 지식이나 기능을 익히게 하다.

단군은 <u>씩씩하고</u> 어질었다.
☐ 사납고 ☐ 늠름하고

뜻 굳세고 위엄스럽다.

절대 <u>물러서지</u> 않았다.
☐ 칭찬하지 ☐ 비켜서지

뜻 뒷걸음으로 피하여 옮겨 서다.

 ## 뜻이 여러 개인 말

밑줄 친 낱말이 어떤 뜻으로 쓰였는지 번호를 쓰세요.

① 수나 양이 많아지다.

늘다

② 사람의 힘이나 솜씨가 나아지다.

(1) 세계의 인구가 <u>늘었다</u>. (　　)

(2) 나의 몸무게가 <u>늘었다</u>. (　　)

(3) 아빠의 음식 솜씨가 <u>늘었다</u>. (　　)

토픽 한 줄 정리

단군 신화를 읽고 궁금한 것이 있니?

☐ 동굴에서 나간 호랑이는 어떻게 되었을까?

☐ 단군이 1500년 동안이나 나라를 다스렸다는 건 진짜일까?

그리고 _____

 '팔도'는 무엇을 뜻하는 말일까?
궁금하면 다음 장을 넘겨 봐! >>>>>

팔도라는 말은 언제부터 썼을까?

'팔도'는 우리나라 전체를 가리키는 말이야. 이 말은 언제부터 썼을까?

팔도는 조선 시대에 처음 나온 말이야. 1413년에 조선의 세 번째 임금인 태종은 우리나라를 경기도·강원도·충청도·전라도·경상도·평안도·함길도(함경도)·황해도의 8개의 도로 나누었어. 이때부터 우리나라를 팔도라고 불렀지. 그러다 1896년에 고종은 팔도에서 경기도, 강원도, 황해도를 뺀 5개의 도를 남과 북으로 나누어 13개의 도로 만들었어. 하지만 팔도가 기본인 것은 변함없었어.

㉠팔도의 이름은 가장 번성했던 도시의 이름을 따서 지었어. 강원도는 강릉과 원주, 충청도는 충주와 청주, 전라도는 전주와 나주, 경상도는 경주와 상주의 앞 글자를 하나씩 따와서 만든 거야. '경기도'만 도시의 이름이 아니라 '한양 근처의 땅'이라는 뜻이야.

현재 우리나라는 수도인 서울특별시, 인천·대전·대구·광주·울산·부산의 6개 광역시, 경기도·강원도·충청남도·충청북도·전라남도·전라북도·경상남도·경상북도의 8개 도, 세종특별자치시, 제주특별자치도로 나뉘어 있어. 조선 시대에 정해진 팔도의 이름과 위치는 오늘날까지 이어져 국토를 나누는 바탕이 되고 있어.

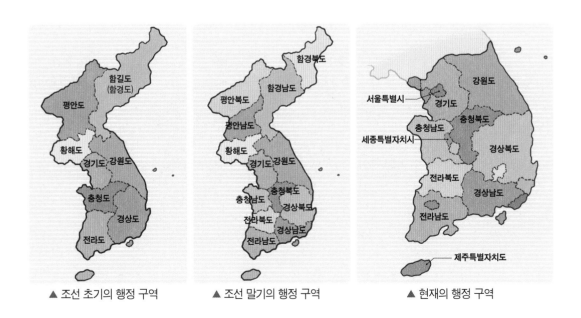

▲ 조선 초기의 행정 구역　　▲ 조선 말기의 행정 구역　　▲ 현재의 행정 구역

*행정 구역: 나라를 효율적으로 관리하기 위해 나눈 지역.

어휘 알기   색칠한 낱말과 초성을 보고 뜻풀이에 알맞은 낱말을 ____에 쓰세요.

| ㄱ | ㅌ | 한 나라에 딸린 땅.

_____

| ㄱ | ㅂ | 어떤 것의 밑바탕.

_____

| ㄸ | ㅇ | ㄷ | 남의 말이나 글 가운데서 필요한 부분을 끌어오다.

_____

독해력 기르기

01   다음 빈칸에 들어갈 알맞은 말을 쓰세요.

| | | 는 우리나라 전체를 가리키는 말이다.

02   이 글에 대한 설명으로 알맞은 것에 ○ 하세요.

(1) 팔도의 이름과 유래를 설명하는 글이다.   (   )

(2) 팔도의 위치와 각 지역의 특징을 알려 주는 글이다.   (   )

03   ㉠을 바탕으로 빈 곳에 들어갈 조선 시대 각 도의 이름을 쓰세요.

조선 시대에 번성했던 도시의 이름	도 이름
강릉과 원주	(1) ( )
충주와 청주	(2) ( )
전주와 나주	(3) ( )
경주와 상주	(4) ( )

04 다음과 같이 말한 임금은 누구인지 이 글에서 찾아 쓰세요. (　　　　　　　　)

05 이 글을 통해 알 수 있는 사실에 대해 바르게 말하지 <u>못한</u> 친구에 ○ 하세요.

(1) 팔도의 이름을 바탕으로 옛날에 번성했던 도시가 어디인지 알 수 있겠구나.

(2) 시대에 따라 국토를 나누는 방법이 달랐구나.

(3) 국토를 여러 개의 도로 나누는 것이 불편해서 도의 개수를 점차 줄였구나.

06 이 글의 내용을 요약했어요. 빈칸에 들어갈 알맞은 말을 쓰세요.

처음	팔도는 ①⬜⬜⬜⬜ 전체를 가리키는 말이다.
가운데	• 조선의 세 번째 임금인 태종이 우리나라를 8개의 도로 나누었고, 이때부터 ②⬜⬜란 말을 사용했다. 고종은 팔도를 기본으로 전국을 13개의 도로 나누었다. • 팔도의 각 이름은 그 지역에서 가장 번성했던 ③⬜⬜ 이름의 앞 글자를 하나씩 따와서 만들었다.
끝	팔도는 오늘날까지 이어져 우리 국토를 구분하는 기본이 되고 있다.

①　_____　②　_____　③　_____

낱말의 관계

비슷한말에는 =, 반대말에는 ↔ 기호를 쓰세요.

변함없다		똑같다
달라지지 않고 항상 같다.	◯	조금도 다르지 않고 같다.

이어지다		끊어지다
끊어지지 않고 계속되다.	◯	이어져 오던 것이 끝나거나 멈추다.

제외하다		빼다
한 무리에서 떼어 내다.	◯	전체에서 일부를 덜다.

번성하다		번영하다
한창 성하게 일어나 퍼지다.	◯	번성하고 발전하다.

모양이 같은 말

밑줄 친 낱말의 뜻을 찾아 선으로 이으세요.

(1) 수도를 덜 잠가서 물이 뚝뚝 떨어져. •

• (가) 한 나라의 중앙 정부가 있는 도시.

(2) 우리나라의 수도는 서울이야. •

• (나) 수돗물을 나오게 하거나 막는 장치.

토픽 한 줄 정리

네가 사는 지역의 이름을 쓰고, 소개를 해 봐!

_____

_____

 한글이 세계에서 인정받은 문자라는 걸 알고 있니?
궁금하면 다음 장을 넘겨 봐! >>>>>

대단하다, 우리 한글

한글은 세계의 언어학자들이 인정한 최고의 글자예요. 유네스코에서는 해마다 문맹을 퇴치하는 데 앞장선 사람이나 단체에 '세종 대왕 문해상'을 줘요. 백성을 위해 한글을 만든 세종 대왕의 업적과 한글의 우수성을 인정해 이런 이름을 붙인 거예요. 한글이 얼마나 우수한 글자인지 살펴볼까요?

한글은 배우기 쉬워요. 한글은 자음과 모음 24개의 글자만 익히면 쉽게 배울 수 있어요. 이른 아침부터 한나절이면 배울 수 있다고 해서 '모닝 레터'라고도 불러요. 우리나라의 문맹률이 매우 낮은 것은 한글이 배우기 쉬운 글자이기 때문이에요.

㉠한글은 디지털 시대에 적합해요. 한글은 컴퓨터나 스마트폰에 글자를 쉽고 빠르게 입력할 수 있어요. '나'를 입력할 때, 한글은 자판에서 'ㄴ'과 'ㅏ'만 누르면 돼요. 하지만 중국어는 글자가 많아서 자판에 모두 나열할 수 없어요. 그래서 중국어로 '나(我)'를 입력하려면 여러 과정을 거쳐야 해요. 먼저 '나(我)'의 발음을 알파벳으로 입력하고, 같은 발음의 한자가 여러 개 나오면 그중에서 맞는 한자를 고르는 거예요. 일본어도 비슷해요. 그래서 같은 뜻의 글자를 입력할 때, 한글이 중국이나 일본어보다 훨씬 빠르지요.

한글은 가장 많은 소리를 쓸 수 있는 글자예요. 일본어는 300여 개, 중국어는 400여 개, 영어는 300여 개의 소리밖에 못 써요. 하지만 한글은 무려 1만 개가 넘는 소리를 쓸 수 있어요. 24개의 글자로 무궁무진한 소리를 표현할 수 있는 거예요.

알면 알수록 ㉡ 한글, 우리가 더 아끼고 소중히 여겨야겠지요?

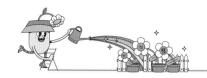
어휘 알기 색칠한 낱말과 초성을 보고 뜻풀이에 알맞은 낱말을 ____에 쓰세요.

ㅁ ㅁ   배우지 못하여 글을 읽거나 쓸 줄을 모름.

_____

ㅁ ㄱ ㅁ ㅈ   끝이 없고 다함이 없음.

_____

ㅇ ㅅ ㅎ ㄷ   실력이나 능력이 여럿 가운데에서 뛰어나다.

_____

독해력 기르기

01 이 글에서 설명하는 것은 무엇인지 빈칸에 알맞은 말을 쓰세요.

☐ ☐ 의 우수한 점

02 이 글의 내용으로 알맞지 <u>않은</u> 것은 무엇인가요? (   )

① 우리나라의 문맹률은 매우 낮다.

② 한글은 1만 개가 넘는 소리를 쓸 수 있다.

③ 한글은 글자가 너무 많아서 자판에 모두 나열할 수 없다.

④ 한글은 자음과 모음 24개의 글자만 익히면 쉽게 배울 수 있다.

⑤ 유네스코에서는 문맹 퇴치에 힘쓴 사람이나 단체에 '세종 대왕 문해상'을 준다.

03 글쓴이가 ㉠과 같이 말한 까닭은 무엇인지 알맞은 것에 ○ 하세요.

(1)
스마트폰이나 컴퓨터에
한글을 쉽고 빠르게
입력할 수 있어서

(2)
우리나라의 인터넷이 발달해서
문자 메시지나 이메일을 빨리
보낼 수 있어서

04 ㉡에 들어갈 말로 알맞은 것은 무엇인가요? (　　　)

① 어렵고 복잡한　　　② 편리하고 안전한　　　③ 지혜롭고 과학적인

④ 빠르고 독특한　　　⑤ 신기하고 다양한

05 이 글을 읽고 알게 된 점으로 알맞지 <u>않은</u> 내용을 말하는 친구의 이름을 쓰세요.

(　　　　　　　)

> **주현**: 우리나라의 문맹률이 낮은 건 한글 덕분이구나.
> **유리**: 중국어를 컴퓨터에 입력할 때는 여러 단계를 거쳐야 하는구나.
> **무현**: 한글은 24개의 자음과 모음만 익히면 쉽게 배울 수 있구나.
> **형민**: 한글을 컴퓨터에 쉽고 빠르게 입력할 수 있어서 '모닝 레터'라고 부르는구나.

06 이 글의 내용을 요약했어요. 빈칸에 들어갈 알맞은 말을 쓰세요.

한글의 우수한 점

24개의 ①◻◻과 모음만 익히면 쉽고 빠르게 익힐 수 있는 글자이다.

컴퓨터나 스마트폰에 글자를 쉽고 빠르게 입력할 수 있어 ②◻◻◻ 시대에 적합한 글자이다.

중국어, 일본어, 영어 등 다른 언어에 비해 많은 ③◻◻를 쓸 수 있는 글자이다.

① _____　　② _____　　③ _____

뜻이 비슷한 말

글자를 모아 밑줄 친 말과 뜻이 비슷한 말을 빈칸에 쓰세요.

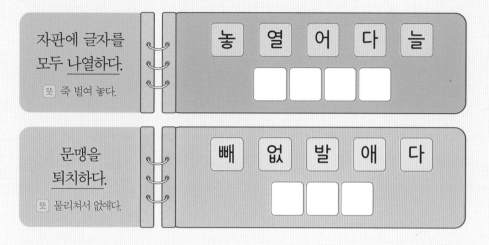

자판에 글자를 모두 <u>나열하다</u>.
뜻 죽 벌여 놓다.

| 놓 | 열 | 어 | 다 | 늘 |

| | | | |

문맹을 <u>퇴치하다</u>.
뜻 물리쳐서 없애다.

| 빼 | 없 | 발 | 애 | 다 |

| | | |

올바른 띄어쓰기

밑줄 친 부분의 띄어쓰기가 맞으면 ◯, 틀리면 ☒에 ◯ 하세요.

'밖에'를 앞말과 붙여 쓸 때
'그것 빼고는', '그것 말고는'의 뜻으로 쓴다.

VS

'밖에'를 앞말과 띄어 쓸 때
'안에'의 반대말로, '바깥에'라는 뜻으로 쓴다.

앞말에 붙여 쓰는 '밖에'는 주로 부정적인 말과 함께 써.

(1) 대문 <u>밖에</u> 손님이 찾아왔다.　◯ ☒
(2) 이 옷은 하나 <u>밖에</u> 남지 않았다.　◯ ☒
(3) 우리 형은 <u>공부밖에</u> 모르는 학생이야.　◯ ☒

토픽 한 줄 정리

한글을 만든 세종 대왕님께 어울리는 상은 무엇일까?

_____ 상

_____ 때문에 이 상을 드리고 싶어!

우리나라를 유럽에 알린 최초의 외국인은 누구일까?
궁금하면 다음 장을 넘겨 봐! >>>>>

세계　인물

조선을 서양에 알린 하멜

1653년에 하멜은 동인도 회사의 배를 타고 무역을 하러 네덜란드를 떠났어요. 그런데 일본으로 향하던 배가 폭풍우에 떠밀려 제주도에 닿았어요.

'여기는 어디일까? 우리는 고향에 돌아갈 수 있을까?'

말은 통하지 않았지만 다행히 조선 사람들은 하멜 일행을 따뜻하게 맞아 주었어요. 제주 목사 이원진은 하멜 일행이 편히 지낼 수 있게 살 곳과 음식을 마련해 주었어요.

효종 임금의 명으로 한양으로 온 뒤로 하멜 일행은 광대처럼 살았어요. 잔치마다 불려 다니며 춤을 추고 노래를 해야 했지요.

"제발 우리를 조국으로 돌아갈 수 있게 해 주십시오."

하지만 효종은 하멜의 부탁을 거절했어요. 하멜 일행이 조선의 사정을 다른 나라에 알릴까 봐 걱정되었거든요. 실망한 하멜 일행은 몰래 조선을 떠나려다가 들켜서 전라도로 쫓겨났어요. 하멜 일행은 먹고살기 위해 여러 힘든 일들을 했지만, 인정 많은 조선 사람들과 어울리며 조선에 대해 알아 갔어요. 하지만 그들은 고국으로 돌아가겠다는 희망을 놓지 않았고, 1666년에 일본을 거쳐 네덜란드로 돌아갈 수 있었어요. 하지만 하멜과 일행에게는 풀어야 할 마지막 숙제가 있었어요.

"조선에 있었던 14년 동안의 월급을 주십시오."

동인도 회사는 하멜과 일행의 요구를 들어주지 않았어요. 하멜은 너무 억울했어요.

'조선이 어떤 나라인지 설명한 보고서를 내자. 그러면 월급을 받을 수도 있어.'

하멜은 조선에 대해 알게 된 것들을 보고서에 자세하게 썼어요. 미지의 나라 조선에 대한 생생한 기록 때문인지 이 보고서는 ㉠『하멜 표류기』라는 책으로 나와 큰 인기를 얻었어요. 책을 읽고 조선에 관심을 갖는 사람들도 많아졌지요. 폭풍우로 우연히 조선에 오게 된 하멜은 조선을 유럽에 알린 최초의 외국인이었어요.

어휘 알기 색칠한 낱말과 초성을 보고 뜻풀이에 알맞은 낱말을 ___에 쓰세요.

| ㅁ | ㅈ | 아직 알지 못함.

_____

| ㅍ | ㄹ | 물 위에 떠서 이리저리 흘러가는 것.

_____

| ㅁ | ㅇ | 나라와 나라 사이에 서로 물품을 판매하는 일.

_____

독해력 기르기

01 이 글은 누구에 대한 이야기인지 빈칸에 알맞은 인물 이름을 쓰세요.

☐ ☐

02 하멜이 조선에 오게 된 까닭으로 알맞은 것에 ○ 하세요.

(1) 조선과 무역을 하기 위해서   (   )

(2) 일본으로 향하던 배가 폭풍우에 떠밀려서 (   )

03 하멜 일행이 조선의 각 지역에서 겪은 일을 찾아 알맞게 선으로 이으세요.

(1) 제주도 •   • (가) 잔치마다 불러 다니며 춤을 추고 노래를 했다.

(2) 한양 •   • (나) 먹고살기 위해 여러 힘든 일을 했다.

(3) 전라도 •   • (다) 살 곳과 음식을 받으며 편히 지냈다.

04 ㉠에 대한 설명으로 알맞으면 ○, 알맞지 않으면 ✕ 하세요.

(1) 하멜이 조선에 머물면서 쓴 일기이다.　　　　　　(　　)

(2) 이 책으로 유럽 사람들이 조선에 관심을 갖게 되었다.　(　　)

(3) 하멜이 조선에 대해 쓴 보고서를 책으로 낸 것이다.　(　　)

05 다음은 『하멜 표류기』의 한 부분이에요. 무엇에 대해 쓴 것인지 빈 곳에 들어갈 말을
고르세요. (　　)

조선에서 ▭▭▭▭

　　조선의 시골에는 여행하는 나그네가 묵을 수 있는 숙소가 없다. 대신 양반
집을 제외한 아무 집에 가서 자신이 먹을 음식을 주면서 하룻밤 묵어갈 것을
부탁한다. 그러면 집주인은 그 음식으로 밥을 차려 나그네를 잘 대접한다.
　　한양으로 가는 큰길에는 주막이 있어 나그네가 묵어갈 수 있다. 이
곳에서는 나그네에게 잠자리와 먹을 것을 준다.

① 공부하기　　② 여행하기　　③ 결혼하기　　④ 성공하기　　⑤ 탈출하기

06 이 글의 내용을 요약했어요. 빈칸에 들어갈 알맞은 말을 쓰세요.

　　①▭▭은 동인도 회사의 배를 타고 무역을 하러 네덜란드를 떠났다가 폭
풍우를 만나 ②▭▭▭에 오게 되었다. 제주도에서는 다행히 편히 지냈
으나 한양으로 올라와서는 광대처럼 지냈다. 하멜은 14년 만에 네덜란드로
돌아갈 수 있었다. 하멜은 동인도 회사로부터 밀린 ③▭▭을 받으려고 조
선에 관한 보고서를 썼다. 이 보고서가 『하멜 표류기』라는 책으로 나오며 유
럽 사람들에게 조선이 알려졌다.

① _____　　② _____　　③ _____

낱말의 뜻

빈칸에 들어갈 알맞은 말을 찾아 선으로 이으세요.

(1) **마련하다**
필요한 것을 미리
헤아려 ☐☐☐.

• (가) 갖추다

(2) **억울하다**
잘못도 없이 꾸중을 듣거나
벌을 받아 ☐☐☐.

• (나) 분하다

뜻이 여러 개인 말

밑줄 친 낱말이 어떤 뜻으로 쓰였는지 번호를 쓰세요.

① 막힘이 없이 트이거나 이어지다.

통하다

③ 서로 뜻이 잘 전해져 이해되거나 알게 되다.

② 어떤 길이나 공간을 거쳐서 지나가다.

(1) 엄마랑 나랑은 말이 잘 통해. ( )

(2) 뒷문을 통해서 밖으로 나왔어. ( )

(3) 한옥은 여름에 바람이 잘 통해서 시원해. ( )

토픽 한 줄 정리

하멜과 조선 사람들은 서로를 처음 보았을 때 무슨 생각을 했을까?

우리 문화가 왜 세계적으로 인기 있을까?
궁금하면 다음 장을 넘겨 봐! >>>>>

호주에 사는 한나에게

안녕, 잘 지내고 있니? 지난번 편지에서 한류 문화에 대해 물었지? 한류가 무엇이고, 왜 인기를 끄는지 말이야. 내가 그 이유를 설명해 줄게.

'한류'란 한국 사람들이 만든 드라마, 영화, 대중가요 등 한국 문화가 세계적으로 큰 인기를 끌고 있는 현상이야. 한국 영화가 외국의 영화제에서 상을 받고, 한국 드라마가 여러 나라에서 시청률 1위를 하고, 케이 팝(K-pop) 아이돌 가수들이 세계에서 많은 인기를 얻는 것이 모두 한류야.

한국 문화가 세계적으로 성공한 이유가 궁금하지? 케이 팝을 이끄는 가수들은 멋진 외모와 뛰어난 실력을 갖추고 있어. 한국 드라마나 영화에는 외국 사람들도 공감할 수 있는 웃음과 재미, 다양한 생각거리가 담겨 있어. '가장 한국적인 것이 가장 세계적이다.'라는 말은 한류가 성공한 이유에 딱 맞는 말이야.

인터넷 발달도 한류가 유행하는 데 큰 역할을 했어. 인터넷이 없었을 때는 다른 나라에서 한국 문화를 접하기 힘들었어. 하지만 이제는 인터넷으로 나라를 넘어 교류가 가능해. 덕분에 외국에서도 한국의 영상과 음악을 보고 들으며, 한국 문화의 매력에 빠지게 된 거야.

㉠한류 덕분에 한국어나 한식 등 한국 문화에 관심을 갖는 이들도 늘고 있어. 한국을 찾는 외국인 관광객도 늘었고 말이야. 네가 한국에 오면 우리나라를 제대로 소개해 줄게. 그럼, 다시 만날 때까지 안녕!

20○○년 6월 20일
친구 지민이가

어휘 알기 색칠한 낱말과 초성을 보고 뜻풀이에 알맞은 낱말을 ____에 쓰세요.

| ㅁ | ㅎ |

문학, 음악, 미술, 연극, 영화 같은 예술에
관련된 활동과 분야를 두루 이르는 말.   _____

| ㄱ | ㄹ |

다른 곳에 사는 사람들이 서로 만나거나
연락하면서 물건이나 의견을 주고받는 것.   _____

| ㄱ | ㄱ | ㅎ | ㄷ |

어떤 것을 보고 서로 똑같이
생각하거나 느끼다.   _____

독해력 기르기

01 '한류'가 무엇인지 알맞은 말에 ○ 하세요.

> 한국 사람들이 만든 드라마, 영화, 대중가요 등 한국 (문화 , 배우)가
> 세계적으로 큰 (인기 , 문제)를 끌고 있는 현상이다.

02 글쓴이가 이 글을 쓴 까닭으로 알맞은 것에 ○ 하세요.

(1) 한류 문화가 세계적으로 인기 있는 현상에 대해 조사하려고   (   )

(2) 한류 문화에 관심 있는 외국인 친구에게 한류에 대해 알려 주려고 (   )

03 한류의 모습으로 알맞지 <u>않은</u> 것에 ✕ 하세요.

(1) 한국 드라마가 많은 나라에서 시청률 1위를 했다.   (   )

(2) 케이 팝 가수가 세계에서 많은 인기를 얻고 있다.   (   )

(3) 한국에 여행을 오는 외국인 관광객의 수가 줄어들었다. (   )

04 한류가 유행하는 까닭에 대해 바르게 말하지 <u>못한</u> 친구에 ○ 하세요.

(1)
우리의 문화에는 외국인들이 공감할 수 있는 내용이 있기 때문이야.

(2)
인터넷이 발달해서 외국인들이 우리 문화를 쉽게 접할 수 있는 환경이 되었기 때문이야.

(3)
우리나라의 자연환경에 반한 외국인들이 많아졌기 때문이야.

05 ㉠의 예로 볼 수 <u>없는</u> 것의 기호를 쓰세요. (　　　　)

> ㉮ 한국 드라마에 나온 한식을 맛보고 싶어서 한식당에 방문한 외국인
> ㉯ 한국 영화에 나온 촬영 장소에 가고 싶어서 한국을 방문한 외국인
> ㉰ 케이 팝 가수의 누리 소통망에 댓글을 달고 싶어서 한글을 배우는 외국인
> ㉱ 한국의 기업에서 일을 하려고 한국에 온 외국인

06 이 글의 내용을 요약했어요. 빈칸에 들어갈 알맞은 말을 쓰세요.

한류의 뜻	①◻◻란 한국 사람들이 만든 드라마, 영화, 대중가요 등 한국 문화가 세계적으로 큰 인기를 끄는 현상이다.
한류가 인기 있는 이유	한국 문화가 멋있고 재미있는 데다 ②◻◻◻이 발달하여 세계 여러 나라와 교류가 쉬워졌기 때문이다.
한류의 영향	한국어, 한식 등 한국 ③◻◻에 관심을 갖고, 한국으로 여행을 오는 외국인도 늘어났다.

①　_____　②　_____　③　_____

한(韓)이 들어간 낱말

주어진 한자에 글자를 더해 뜻에 알맞은 한자어를 완성하세요.

韓
한국 한

╋

집 옥(屋)   옷 복(服)
먹을 식(食)

한 ☐	한 ☐	한 ☐
우리나라에서 옛날부터 입던 옷.	우리나라에서 옛날부터 먹어 온 음식.	우리나라 고유의 방식으로 지은 집.

헷갈리는 말

알맞은 말에 ○ 하세요.

너머		넘다
높이나 경계로 가로막은 사물의 저쪽.	VS	높은 부분의 위나 경계를 지나가다.

'너머'는 모양을 바꿀 수 없지만 '넘다'는 '넘어, 넘어서, 넘으니'처럼 모양을 바꿀 수 있어. '너머'와 '넘어'를 헷갈리지 않도록 주의해.

(1) 도둑이 담을 (넘어서 , 너머서) 달아났어.

(2) 비행기가 국경을 (넘어 , 너머) 이웃 나라에 닿았어.

(3) 고개 (넘어 , 너머) 마을에 할머니가 사셔.

토픽 한 줄 정리

외국인에게 자랑하고 싶은 우리 문화가 있니?

☐ 한글   ☐ 한복   ☐ 한식   ☐ 한옥

그리고 _____

동물 중에서 최고는 누구일까?

사람들이 가장 좋아하는 동물은 무엇일까?

동물원의 동물들은 행복할까?

동물

| 사람, 새, 개, 물고기, 곤충처럼 풀이나 나무가 아닌 모든 생물.

동물들이 사라지는 이유는 뭘까?

동물도 행복할 권리가 있을까?

개와 고양이는 왜 사이가 나쁠까?

동물과 함께 어울려 사는 방법은 뭘까?

동물도 감정과 생각이 있을까?

개와 고양이

옛날에 할아버지와 할머니가 개와 고양이를 키우며 오순도순 살았어. 하루는 할아버지가 강에서 아주 큰 잉어를 잡았는데 잉어가 눈물을 흘리지 뭐야? 할아버지는 잉어가 불쌍해서 놓아주었지. 그랬더니 잉어가 구슬을 건네주며 이렇게 말했어.

"살려 주셔서 감사합니다. 선물로 소원을 들어주는 구슬을 드릴게요."

구슬 덕분에 할아버지와 할머니는 부자가 되었어. 그런데 강 건너에 사는 욕심쟁이 할머니가 소문을 듣고는 구슬을 훔쳐 갔어. ㉠할아버지와 할머니는 도로 가난해졌지.

개와 고양이는 구슬을 찾아오려고 강 건너 욕심쟁이 할머니 집을 찾아갔어. 욕심쟁이 할머니는 벌써 큰 집을 짓고 부자로 살고 있었어. 개가 망을 보는 사이에 고양이가 방으로 들어가 구슬을 물고 나왔어. 둘은 부리나케 강으로 달렸지. 개가 헤엄을 잘 치니까 고양이가 구슬을 물고 개의 등에 업혀 강을 건너기로 했어.

"구슬을 잘 물고 있지?"

개가 헤엄치며 물었어. ㉡고양이는 대답을 할 수 없었어.

"왜 답이 없어? 잃어버렸어? 대답 좀 해 봐!"

개는 점점 걱정이 되었어. 그래서 묻고 또 물었지.

"그래그래, 잘 물고 있다!"

참다못한 고양이가 대답을 했어. 그 바람에 고양이가 물고 있던 구슬이 강에 퐁당 빠지고 말았지.

개는 터덜터덜 집으로 돌아갔어. 하지만 고양이는 아쉬워서 강가를 서성댔어. 그러다 어부에게 죽은 물고기 한 마리를 얻었어. 그런데 물고기 배에서 강에 빠뜨렸던 구슬이 나오지 뭐야? 고양이는 구슬을 물고 얼른 집으로 돌아갔어. 할아버지와 할머니는 구슬을 찾아온 고양이를 귀여워하며 집 안에서 지내게 했어. 하지만 개는 여전히 마당에서 길렀지. 개는 으스대는 고양이가 얄미워 고양이만 보면 으르렁거리며 화를 냈대.

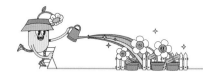

어휘 알기 　색칠한 낱말과 초성을 보고 뜻풀이에 알맞은 낱말을 ＿＿에 쓰세요.

| ㅁ | 어떤 일을 몰래 하거나 어떤 것을 지킬 때, 누가 오거나 무슨 일이 생기는지 살피는 일. | ＿＿＿＿＿＿＿＿＿ |

| ㅂ ㄹ ㄴ ㅋ | 몹시 서둘러서 급하게. | ＿＿＿＿＿＿＿＿＿ |

| ㅇ ㅅ ㄷ ㄷ | 잘난 척하면서 뽐내다. | ＿＿＿＿＿＿＿＿＿ |

독해력 기르기

01　할아버지가 잉어에게 받은 것은 무엇인지 빈칸에 쓰세요.

소원을 들어주는 [　] [　]

02　할아버지와 할머니가 ㉠처럼 된 까닭으로 알맞은 것에 ○ 하세요.

(1) 개와 고양이가 구슬을 잃어버려서　(　　　)

(2) 욕심쟁이 할머니가 구슬을 빌려 가서　(　　　)

(3) 욕심쟁이 할머니가 구슬을 훔쳐 가서　(　　　)

03　욕심쟁이 할머니 집에서 구슬을 되찾은 개와 고양이가 강을 건너는 모습으로 알맞은 것에 ○ 하세요.

(1)

(2)

04 고양이가 ⓒ처럼 행동한 까닭으로 알맞은 것에 ○ 하세요.

(1) 개의 물음에 대답하다가
구슬을 떨어뜨릴까 봐

(2) 개의 물음에 대답하다가
구슬을 꿀꺽 삼킬까 봐

05 다음 일을 원인과 결과로 구분해 선으로 이으세요.

(1) 고양이가 물고 있던
구슬을 강에 빠뜨렸다. •

• (가) 원인

(2) 개가 고양이에게 구슬을 잘
물고 있는지 자꾸 물었다. •

• (나) 결과

06 이 글의 내용을 요약했어요. 빈칸에 들어갈 알맞은 말을 쓰세요.

할아버지는 커다란 ① ☐☐를 잡았다가 놓아준 보답으로 소원을 들어주는 구슬을 얻어 부자가 되었다. 소문을 들은 욕심쟁이 할머니가 구슬을 훔쳐 갔고, 개와 고양이는 구슬을 되찾았지만 실수로 구슬을 ② ☐에 빠뜨렸다. 강에서 서성이던 고양이는 죽은 물고기의 배에서 구슬을 찾았다. 할아버지와 할머니는 구슬을 찾아온 고양이를 귀여워하며 집 안에서 키웠고, ③ ☐는 마당에서 길렀다. 개는 으스대는 고양이가 얄미워 고양이만 보면 화를 냈다.

① _____   ② _____   ③ _____

낱말의 뜻

알맞은 말에 ○ 하여 낱말의 뜻풀이를 완성하세요.

(1) 놓아주다 ⟩⟩ 갇히거나 잡힌 상태에서 (자유롭게 , 쉬게) 해 주다.

(2) 서성대다 ⟩⟩ 한곳에 서 있지 않고 자꾸 주위를 (왔다 갔다 , 올라갔다 내려갔다) 하다.

(3) 업히다 ⟩⟩ 사람이나 동물 따위가 다른 사람이나 동물의 (등 , 배)에 매달려 붙어 있게 되다.

모양이 같은 말

밑줄 친 낱말의 뜻을 찾아 선으로 이으세요.

(1) 책을 보고 <u>도로</u> 제자리에 갖다 놓았어. • • (개) 본래대로 다시.

(2) <u>도로</u>를 건널 때는 신호등을 잘 보고 건너야 해. • • (나) 사람이나 차 따위가 다니게 만든 길.

토픽 한 줄 정리

구슬을 강에 빠뜨린 건 누구의 잘못일까?

☐ 구슬이 잘 있는지 자꾸만 물어본 개   ☐ 참지 못하고 대답한 고양이

왜냐하면 _____

최고의 동물은 누굴까?
궁금하면 다음 장을 넘겨 봐! >>>>>

내가 최고야

수많은 동물 가운데 '내가 최고!'라고 자랑할 만한 동물들을 만나 보아요.

세상에서 가장 큰 동물은 '흰긴수염고래'예요. 몸길이가 보통 35미터이고, 무게는 150톤 이상이에요. 교실 3개를 더한 만큼의 크기이고, 코끼리 30마리의 무게를 합친 것보다 더 무거워요. 포유동물 가운데 가장 작은 동물은 '뒤영벌박쥐'예요. 몸길이는 3~4센티미터이고, 무게는 2그램 정도예요. 새끼손가락만 한 몸집에 사탕 하나 정도의 무게인 셈이에요.

세상에서 가장 빠른 동물은 '송골매'예요. 송골매는 시속 160~320킬로미터로 날아요. 고속 도로를 달리는 자동차보다 2~3배 빨라요. 땅에서는 '치타'가 가장 빨라요. 치타의 달리기 속도는 시속 110킬로미터 정도로 고속 도로를 달리는 자동차와 맞먹어요.

사람 말고 세상에서 가장 똑똑한 동물은 침팬지의 한 종류인 '보노보'예요. 보노보는 인간과 매우 비슷한 유전자를 갖고 있어요. 빨리 배우고 기억력도 좋지요. 의사소통 능력이 있어 인간과 수화로 대화할 수 있고, 자연의 재료로 도구도 만들어요. 바다에서는 '범고래'가 가장 똑똑한데, 어린아이의 지능과 비슷한 정도예요. 범고래는 작전을 짜서 사냥을 하고, 사회성도 높아 서로 도와 가며 무리 생활을 해요.

최고의 동물들을 보니 동물들이 더 특별해 보이지 않나요? 이 밖에 ㉠최고 기록을 가진 동물들을 더 찾아보세요. 동물에 대한 관심과 사랑이 더 커질 거예요.

흰긴수염고래

송골매

보노보

뒤영벌박쥐

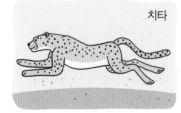
치타

범고래

어휘 알기 색칠한 낱말과 초성을 보고 뜻풀이에 알맞은 낱말을 ___에 쓰세요.

| ㅅ | ㅎ | 소리를 못 듣거나 말을 못하는 사람이 손짓으로 하는 말. | _____ |

| ㅈ | ㄴ | 생각하거나 기억하거나 셈하는 것처럼 머리를 쓰는 일에서 드러나는 능력. | _____ |

| ㅇ | ㅅ | ㅅ | ㅌ | 가지고 있는 생각이나 뜻이 서로 통함. | _____ |

독해력 기르기

01 이 글에서 설명하는 것은 무엇인지 빈칸에 알맞은 말을 쓰세요.

'최고'라고 자랑할 만한 놀라운 ☐ ☐ ☐

02 다음 동물과 관련 있는 내용으로 알맞은 것을 찾아 선으로 이으세요.

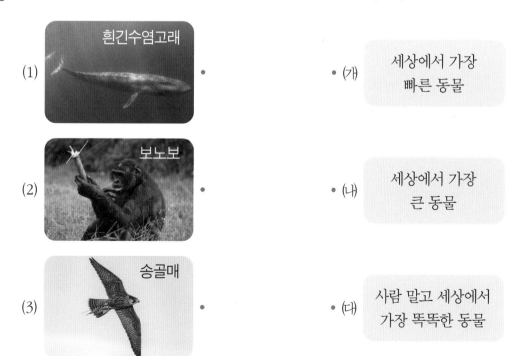

(1) 흰긴수염고래 •

(2) 보노보 •

(3) 송골매 •

• (가) 세상에서 가장 빠른 동물

• (나) 세상에서 가장 큰 동물

• (다) 사람 말고 세상에서 가장 똑똑한 동물

03 이 글의 내용으로 알맞으면 ◯, 알맞지 않으면 ✕ 하세요.

(1) 포유동물 가운데 가장 작은 동물은 뒤영벌박쥐이다. (　　　)

(2) 범고래는 사냥을 할 때 작전을 짤 정도로 지능이 높다. (　　　)

(3) 치타는 고속 도로를 달리는 자동차보다 3배 정도 빠르다. (　　　)

04 ㉠을 조사한 친구들이 대화를 나누고 있어요. 알맞지 <u>않은</u> 내용을 말하는 친구에 ◯ 하세요.

(1)
바다에서 가장 빠른 동물은 '돛새치'야. 치타보다 빨리 헤엄칠 수 있대.

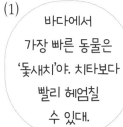

(2)
가장 오래 사는 동물은 '홍해파리'야. 자기 몸을 재생시키는 능력이 있어 영원히 살 수도 있대.

(3)
'토끼'는 풀, 열매 등을 먹어. 토끼처럼 식물을 주로 먹고 사는 동물을 초식 동물이라고 해.

05 이 글의 내용을 요약했어요. 빈칸에 들어갈 알맞은 말을 쓰세요.

최고 기록을 가진 동물들

세상에서 가장 ①◻ 동물은 '흰긴수염고래'이고, 포유동물 가운데 가장 작은 동물은 '뒤영벌박쥐'이다.

세상에서 가장 ②◻◻ 동물은 '송골매'이고, 땅에서 가장 빠른 동물은 '치타'이다.

사람 말고 세상에서 가장 ③◻◻◻ 동물은 '보노보'이고, 바다에서 가장 똑똑한 동물은 '범고래'이다.

① ＿＿＿＿＿　② ＿＿＿＿＿　③ ＿＿＿＿＿

낱말의 뜻

빈칸에 들어갈 알맞은 말을 찾아 선으로 이으세요.

(1) 시속
한 시간 동안에 움직이는
거리를 나타낸 ☐☐.

(가) 방법

(2) 작전
어떤 일을 이루려고
짜는 계획이나 ☐☐.

(나) 속도

합쳐진 말

낱말과 낱말을 합쳐 뜻에 해당하는 말을 만들어 빈칸에 쓰세요.

포유 | 새끼 | 자동 | 몸   +   동물 | 차 | 키 | 길이

☐☐☐☐
새끼를 낳아 젖을 먹여
키우는 동물.

☐☐☐
엔진에서 내는 힘으로
바퀴를 돌려서 달리는 차.

☐☐☐
동물 따위의
몸체의 길이.

토픽 한 줄 정리

최고 기록을 가진 동물에 대해 더 알아보고 싶은 것이 있니?

☐ 가장 오래 자는 동물   ☐ 가장 많이 먹는 동물   ☐ 가장 센 독을 가진 동물

그리고 _____

사라지는 동물에 대해 궁금하면
다음 장을 넘겨 봐! >>>>>

꿀벌이 사라지고 있다고?

최근 전 세계에서 꿀벌이 사라지고 있어요. 꿀벌은 꽃가루를 옮겨 식물이 꽃을 피우고,   ㉠   를 맺게 해요. 우리가 먹는 채소나 과일도 꿀벌 덕분에 얻는 거예요. 꿀벌은 전 세계 사람들이 먹는 식량의 3분의 1을 책임지고 있어요. 그래서 꿀벌이 사라지면 식량도 부족해질 거예요. 꿀벌은 왜 사라지는 걸까요?

첫 번째 이유는 지구 온난화예요. 꿀벌은 기온 변화에 민감해요. 지구 온난화로 날씨가 갑자기 변하는 이상 기온이 자주 생기자, 꿀벌들이 날씨 변화에 적응하지 못해 목숨을 잃고 있어요.

두 번째 이유는 농약이에요. 농약은 해충을 없애고, 식물의 성장을 돕기 위해 만든 약품이에요. 하지만 독성이 강해 꿀벌에게는 위험해요. 꿀벌들이 농약이 묻은 식물에서 꿀이나 꽃가루를 따서 벌집으로 가져오면, 벌집 안의 꿀벌들이 그것을 나누어 먹고 떼죽음을 당하고 있어요.

세 번째 이유는 전염병이에요. '바로아응애' 같은 기생충이 병을 퍼뜨리고, 신종 바이러스로 전염병이 퍼져서 많은 꿀벌이 한꺼번에 죽고 있어요.

꿀벌이 사라져 식물이 열매를 맺지 못하면 씨를 퍼뜨릴 수 없어요. 그러면 식물의 수가 줄어들고, 식물을 먹고 사는 초식 동물도 먹이가 부족해 살 수 없어요. 또 초식 동물을 먹고 사는 육식 동물도 살아남을 수 없어요. 사람도 마찬가지예요. 꿀벌은 우리에게 꼭 필요한 동물이에요. 꿀벌을 지키기 위해 우리가 할 일을 찾아보아요.

어휘 알기 색칠한 낱말과 초성을 보고 뜻풀이에 알맞은 낱말을 ____에 쓰세요.

| ㄷ | ㅅ | 독이 있는 성분.

_____

| ㅎ | ㅊ | 사람, 가축, 농작물에 피해를 주는
해로운 벌레.

_____

| ㅁ | ㄱ | ㅎ | ㄷ | 자극에 빠르게 반응을 보이거나
쉽게 영향을 받는 데가 있다.

_____

독해력 기르기

01 이 글에서 글쓴이가 걱정하는 문제에 ○ 하세요.

(1) 전 세계에서 꿀벌이 사라지는 것   (   )
(2) 지구 온난화로 날씨가 더워지는 것   (   )

02 ㉠에 들어갈 말로 알맞은 것은 무엇인가요? (   )

① 뿌리   ② 열매   ③ 줄기   ④ 꽃가루   ⑤ 잡초

03 이 글에서 말한 꿀벌이 사라지는 이유로 알맞지 <u>않은</u> 것에 ✕ 하세요.

(1) 지구 온난화 때문에 식물들의 꽃이 피지 않아서   (   )
(2) 지구 온난화로 인한 이상 기온에 꿀벌들이 적응하지 못해서   (   )
(3) '바로아응애'라는 기생충이 꿀벌들에게 병을 퍼뜨려서   (   )
(4) 꿀벌들이 농약이 뿌려진 식물의 꿀이나 꽃가루를 먹어서   (   )

04 꿀벌이 사라지면 일어날 수 있는 일을 정리했어요. 빈 곳에 들어갈 알맞은 내용에
○ 하세요.

(1)
육식 동물의 수가 줄어든다.

(2)
육식 동물의 수가 늘어난다.

05 이 글의 내용을 요약했어요. 빈칸에 들어갈 알맞은 말을 쓰세요.

①□□이 사라지는 이유

②□□□□□로
이상 기온이
자주 생기자 꿀벌들이
날씨 변화에 적응하지
못하여 죽는다.

③□□이 묻은
꿀이나 꽃가루를
나누어 먹고
꿀벌들이 떼죽음을
당한다.

'바로아응애'라는
기생충과 바이러스가
전염병을 퍼뜨려
꿀벌들이 한꺼번에
죽는다.

① _____

② _____

③ _____

낱말의 뜻

글자를 모아 뜻풀이에 해당하는 낱말을 만들어 쓰세요.

전　식　병　염　량

□□ 생존을 위하여 필요한 사람의 먹을거리.

□□□ 병원체가 다른 생물체에 옮아 집단적으로 유행하는 병.

시키는 표현

빈 곳에 알맞은 말을 쓰세요.

(1) 피다 ＋ -우- → 피우다

(2) 녹다 ＋ -이- → _____

(3) 웃다 ＋ -기- → _____

(4) 앉다 ＋ -히- → _____

(5) 얼다 ＋ -리- → _____

어떤 행동이나 동작을 하게 만드는 것을 '시키는 표현'이라고 해. 움직임을 나타내는 말에 '-이-, -히-, -리-, -기-, -우-, -구-, -추-'를 붙이면 시키는 표현을 만들 수 있어.

토픽 한 줄 정리

꿀벌을 지키기 위해 네가 할 수 있는 일을 모두 골라 봐!

☐ 꿀벌이 좋아하는 식물 심기
☐ 농약을 쓰지 않은 농산물 사 먹기
☐ 지구 온난화를 막기 위해 물건을 아껴 쓰기
☐ 꿀벌에 대해 공부하기
☐ 꿀벌의 중요함 알리기
☐ 일회용품 사용 줄이기

용감하고 지혜로운 동물 이야기가 있다고? 궁금하면 다음 장을 넘겨 봐! >>>>>

늑대 왕 로보

미국 커럼포의 목장 지대에서 늑대 로보를 모르는 사람은 없었다. 로보는 늑대 무리의 우두머리로 몸집이 크고 매우 영리하고 힘이 셌다. 로보가 무리를 이끌고 목장의 가축을 공격하는 일이 자주 벌어지자 급기야 로보의 목에 현상금이 걸렸다. 나는 로보를 잡아 달라는 부탁을 받고 커럼포로 갔다.

나는 숲에 덫을 놓고, 독약이 든 미끼로 로보를 꾀어 보기로 했다. 하지만 로보는 나를 비웃듯 미끼들을 모아 똥을 싸 놓고, 귀신같이 덫을 찾아내 다 파헤쳐 놓았다.

고민 끝에 나는 로보의 짝인 ⊙ 를 이용해 보기로 했다. 암소 고기를 숲에 가져다 두고, 그 주위에 덫을 놓았다. 몇 개는 눈에 띄게 두고, 몇 개는 감쪽같이 숨겨 두었다. 호기심 많은 늑대라면 암소 고기를 그냥 지나치지 못할 것이다.

다음 날, 하얀 털을 가진 아름다운 늑대가 덫에 걸려 울부짖고 있었다. 블랑카였다. 어디선가 로보의 울음소리가 들려왔다. 나는 블랑카를 죽여서 목장으로 돌아왔다. 그날 밤, 목장 근처에서 로보의 애처로운 울음소리가 들렸다.

나는 강철로 만든 덫 수십 개를 여기저기에 묻고, 블랑카를 끌고 다니며 덫 주변에 냄새를 묻혀 두었다. 다음 날, 덫에 걸린 채 괴로워하는 로보를 발견했다. 그토록 영리하고 경계심이 많던 로보가 블랑카를 찾아 정신없이 헤매다 덫에 걸린 것이다.

로보는 나를 보자 맹렬한 기세로 달려들었다. 나는 로보의 목에 올가미를 걸고, 끈으로 입과 발을 꽁꽁 묶어 목장으로 끌고 왔다. 로보는 모든 것을 포기했는지 전혀 반항하지 않았다. 먹이를 주어도 거들떠보지 않고, 하염없이 들판만 바라봤다.

이튿날, ⓛ로보의 몸은 차갑게 식어 있었다. 커럼포를 공포에 떨게 했던 늑대 왕 로보는 블랑카를 그리워하며 그렇게 죽었다.

어휘 알기 색칠한 낱말과 초성을 보고 뜻풀이에 알맞은 낱말을 ___에 쓰세요.

| ㅁ | ㄲ | 물고기나 동물을 잡을 때 쓰는 먹이.

_____

| ㅁ | ㅈ | 우리와 풀밭을 갖추어 소, 양, 염소 같은 가축을 놓아기르는 곳.

_____

| ㅎ | ㅅ | ㄱ | 무엇을 모집하거나 구하거나 사람을 찾는 일에 내건 돈.

_____

독해력 기르기

01 '나'가 커럼포의 목장 지대에 간 까닭으로 알맞은 것에 ○ 하세요.

(1) 로보를 잡아 달라는 부탁을 받아서

(2) 영리한 늑대로 유명한 로보를 관찰하려고

02 다음 상황에서 로보가 한 행동을 찾아 선으로 이으세요.

(1) 독약이 든 미끼를 놓음. •

(2) 덫을 숨겨 놓음. •

• (가) 귀신같이 찾아서 다 파헤쳐 놓음.

• (나) 먹지 않고 모아서 똥을 싸 놓음.

03 ㉠에 들어갈 말로 알맞은 것은 무엇인가요? (   )

① 미끼   ② 늑대   ③ 올가미   ④ 블랑카   ⑤ 암소 고기

04 ⓒ의 뜻으로 알맞은 것에 ○ 하세요.

(1) 로보가 죽었다.　　　　　(　　　　)

(2) 로보가 매우 아프다.　　　(　　　　)

(3) 로보의 체온이 매우 낮다.　(　　　　)

05 이 글에 대한 생각이나 느낌을 바르게 말하지 <u>못한</u> 친구에 ○ 하세요.

(1)
가축을 해치는
로보를 잡으려고 했다지만,
로보를 잡는 과정이
너무 잔인했어.

(2)
로보를 보면서
동물도 우리처럼 감정과
생각이 있다는 것을
느끼게 되었어.

(3)
로보를 길들였다면
좋은 반려동물이
되었을 텐데, 로보가
죽어서 안타까웠어.

06 이 글의 내용을 요약했어요. 빈칸에 들어갈 알맞은 말을 쓰세요.

> 미국 커럼포의 목장 지대에서 ① ☐☐는 힘이 세고 영리한 늑대로 유명했다.
> 로보가 늑대 무리를 이끌고 목장의 ② ☐☐들을 죽이자 현상금이 걸렸다. 나
> 는 로보를 잡으려고 이런저런 방법을 썼지만 영리한 로보는 속지 않았다. 고민 끝
> 에 로보의 짝인 ③ ☐☐☐를 이용하기로 했다. 블랑카를 죽여서 덫 주변에 블
> 랑카의 냄새를 묻히자 로보가 덫에 걸렸다. 블랑카를 잃은 로보는 먹이도 먹지
> 않고 들판만 바라보다 죽음을 맞이했다.

① _____　　② _____　　③ _____

낱말의 반대말

알맞은 반대말을 찾아 빈칸에 쓰세요.

| 뛰어들다 | 미련하다 | 공격하다 | 영리하다 |

눈치가 빠르고 똑똑하다.

나아가 적을 치다.

⇕

어리석다
슬기롭지 못하고 둔하다.

⇕

방어하다
상대편의 공격을 막다.

모양이 같은 말

밑줄 친 낱말의 뜻을 찾아 선으로 이으세요.

(1) 팽이 가격이 <u>싸다</u>. •

(2) 이불에 오줌을 <u>싸다</u>. •

• (개) 똥이나 오줌을 누다.

• (나) 물건값이나 어떤 일을 하는 데 드는 돈이 적다.

토픽 한 줄 정리

로보를 사냥한 것에 대해 어떻게 생각하니?

☐ 로보를 사냥한 건 당연해!   ☐ 로보를 사냥한 건 잘못된 일이야!

왜냐하면 _____

 인간 때문에 고통받는 동물들이 있대.
궁금하면 다음 장을 넘겨 봐! >>>>>

동물은 살아 있는 생명이에요

우리가 우유나 달걀, 가죽이나 털을 얻으려고 동물을 아프게 한다는 걸 알고 있나요?

옷을 만드는 데 쓰는 털이나 가죽은 살아 있는 동물에게서 얻어요. 동물들은 산 채로 털이 뽑히고, 가죽이 벗겨지는 고통을 당해요. 이러한 사실이 알려지자 사람들은 깜짝 놀랐어요. 그동안 털이나 가죽을 얻는 과정에는 관심을 갖지 않았거든요. 하지만 털이나 가죽을 얻는 과정이 매우 잔인하다는 것을 알게 된 뒤에는 동물성 소재가 들어간 옷을 사지 않겠다는 사람이 늘어났어요. 그래서 식물성 소재나 인공 소재로 만든 털과 가죽이 많이 나왔고, 이를 찾는 소비자도 늘고 있어요.

우리가 먹는 고기, 우유, 달걀은 대부분 ㉠공장식 축사에서 키우는 돼지, 소, 닭에게서 얻어요. 공장식 축사는 몹시 좁아서 동물들이 갇혀 있는 동안 스트레스를 받는다고 해요. 이런 문제가 알려지면서 최근에는 동물이 스트레스를 덜 받도록 넓은 공간에서 자유롭게 키우는 농장이 늘고 있어요. 이들 농장에서 나온 식품에는 동물 복지, 유기 축산물 인증 마크를 붙여 소비자가 이를 보고 물건을 살 수 있게 하고 있어요.

동물은 물건의 재료가 아니라 살아 있는 생명이에요. 인간의 생명만큼 동물의 생명과 권리도 중요해요. ㉡우리가 동물의 복지와 안전에 관심을 기울이고, 이를 지키며 만든 물건을 쓰기 위해 노력한다면 동물을 학대하여 물건을 만드는 일도 사라질 거예요.

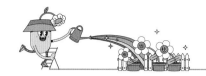

어휘 알기   색칠한 낱말과 초성을 보고 뜻풀이에 알맞은 낱말을 ___에 쓰세요.

| ㅂ | ㅈ | 행복하게 사는 것.

_____

| ㅇ | ㄱ | 사람의 힘으로 만든 것.

_____

| ㅅ | ㅈ | 어떤 것을 만드는 재료.

_____

| ㅅ | ㅂ | ㅈ | 돈을 주고 물건을 사거나 서비스를 받는 사람.

_____

독해력 기르기

01   이 글의 내용으로 알맞지 <u>않은</u> 것은 무엇인가요? (   )

① 동물의 털을 얻는 과정에서 동물에게 고통을 준다.

② 공장식 축사에서 지내는 동물들은 스트레스를 받는다.

③ 고기, 우유, 달걀은 대부분 공장식 축사에서 키우는 동물에게서 얻는다.

④ 동물의 털 대신 쓸 수 있는 식물성 소재나 인공 소재의 털이 있다.

⑤ 공장식 축사는 넓고 깨끗해서 동물들이 행복하게 지내기에 알맞다.

02   ㉠을 나타낸 사진으로 알맞은 것에 ○ 하세요.

(1)

(2)

03 이 글에서 다음 문제를 해결하기 위해 소비자가 할 수 있는 일로 소개한 것을 찾아 선으로 이으세요.

(1) 동물의 털과 가죽을 얻는 과정이 매우 잔인하다. •

(2) 동물을 몹시 좁은 공장식 축사에서 키운다. •

• (가) 동물 복지가 지켜진 농장에서 나온 식품을 산다.

• (나) 동물성 소재가 들어 있는 옷은 사지 않는다.

04 ⓛ을 바르게 실천한 친구의 이름을 쓰세요. (   )

> 진영: 동물의 털이나 가죽으로 만든 옷 대신 식물성 소재나 인공 소재로 만든 옷을 살래.
> 승기: 동물 복지 인증 마크가 붙은 달걀은 더 비싸니까 무조건 가격이 싼 달걀을 살래.

05 이 글의 내용을 요약했어요. 빈칸에 들어갈 알맞은 말을 쓰세요.

> 동물의 ①◻과 가죽을 얻는 과정이 매우 잔인하다는 사실이 알려지면서 동물성 소재가 들어간 옷을 사지 않겠다는 사람이 늘어났고, 식물성 소재나 인공 소재로 만든 털과 가죽이 많이 나오게 되었다. ②◻◻◻ 축사에서 자라는 동물들이 ③◻◻◻◻를 받는다는 사실이 알려지면서 동물들을 넓은 곳에서 자유롭게 키우는 농장이 많아졌다. 이런 농장에서 나오는 식품에는 동물 복지 인증 마크를 붙여 준다. 동물의 복지와 안전에 관심을 기울인다면 동물을 학대하여 물건을 만드는 일은 사라질 것이다.

① _____   ② _____   ③ _____

낱말의 뜻

알맞은 말에 ○ 하여 낱말의 뜻풀이를 완성하세요.

(1) 가죽 — (동물 , 물건)의 몸을 감싸고 있는 질긴 껍질.

(2) 털 — 사람이나 동물의 (피부 , 옷)에 나는 가느다란 실 모양의 것.

뜻이 여러 개인 말

밑줄 친 낱말이 어떤 뜻으로 쓰였는지 번호를 쓰세요.

① 먹을 것을 씹거나 삼켜서 배 속에 넣다.

먹다

② 어떤 마음이나 느낌을 품다.

③ 나이가 많아지거나 어떤 나이에 이르다.

(1) 친구와 함께 점심을 먹었어.　　　　(　　)

(2) 한번 먹은 마음은 절대 변하지 않아.　(　　)

(3) 내년이면 나이를 한 살 더 먹는다.　　(　　)

토픽 한 줄 정리

우리가 관심을 갖고 보호해야 하는 동물을 찾아봐!

☐ 동물원의 동물　　☐ 동물 실험에 쓰이는 동물　　☐ 버려지는 동물

그리고 _____

1일 견우직녀 이야기 11-13쪽

어휘 알기

칠석날, 동나다, 은하수

독해력 기르기

01 소, 옷감
02 (1) ○
03 (1)-(나) (2)-(가) 04 (1) ○
05 (1) ○
06 ① 견우 ② 직녀 ③ 은하수

어휘력 더하기

뜻이 비슷한 말 떨어지다, 빠르게, 이별하다
올바른 발음 (1)[널따] (2)[밥따] (3)[짤따] (4)[여덜]

| 독해력 기르기 |

01 하늘 나라에서 견우는 소를 몰며 논밭을 돌보는 일을 했고, 직녀는 옷감을 짜는 일을 했습니다.

02 하늘 나라 임금님은 견우와 직녀가 일은 게을리하고 놀러만 다녀서 곡식이며 채소가 다 동나고 옷감도 모두 떨어지자 몹시 화가 났습니다. 그래서 견우와 직녀를 떨어져 살게 했습니다.

03 부부가 된 견우와 직녀는 함께 있는 것이 너무 행복하고 즐거웠습니다. 하지만 떨어져 지낼 때는 서로를 그리워하며 칠석날이 되기를 기다렸습니다.

04 오작교는 까마귀, 까치 들이 줄줄이 모여서 견우와 직녀가 건널 수 있게 만든 다리입니다. 따라서 오작교의 그림으로는 (1)이 알맞습니다.

05 이 글에서 견우와 직녀가 사랑을 지키기 위해 죽음도 두려워하지 않았다는 내용은 나오지 않습니다. 따라서 (2)는 글을 잘못 이해하고 말한 감상입니다.

06 일이 일어난 차례에 따라 글의 내용을 요약해 봅니다.

| 어휘력 더하기 |

뜻이 비슷한 말 '동나다'와 '떨어지다', '쏜살같이'와 '빠르게', '헤어지다'와 '이별하다'는 뜻이 서로 비슷한 말입니다.

올바른 발음 겹받침 'ㄼ'은 [ㄹ]로 읽어야 합니다. 단, '밟다'의 'ㄼ'만 [ㅂ]으로 읽습니다. 따라서 '넓다'는 [널따], '짧다'는 [짤따], '여덟'은 [여덜]로 읽어야 하고, '밟다'는 [밥따]로 읽어야 합니다.

2일 하트 모양은 어떻게 만들어졌을까? 15-17쪽

어휘 알기

본뜨다, 비롯되다, 맹세하다

독해력 기르기

01 하트
02 ③ 03 (2) ○
04 단지
05 ②
06 ① 심장 ② 사과 ③ 성배

어휘력 더하기

꾸며 주는 말 (1)-(가) (2)-(다) (3)-(나)
뜻이 여러 개인 말 (1) ② (2) ② (3) ①

| 독해력 기르기 |

01 이 글은 하트 모양이 어떻게 만들어지게 되었는지 유래를 설명하는 글입니다.

02 하트 모양은 누구나 사용하는 기호입니다. 따라서 ③은 알맞은 내용이 아닙니다.

03 서양 사람들은 심장 근처에 마음이 있다고 생각해서 사랑을 맹세할 때도 가슴에 손을 올려 다짐했습니다. 따라서 하트 모양을 그릴 때 심장을 떠올린 까닭으로 알맞은 답은 (2)입니다.

04 하트 모양은 많은 사람들이 다양하게 쓰고 있습니다. 따라서 하트 모양을 사랑하는 연인끼리만 쓰고, 가족이나 친구들에게 쓰면 안 된다고 말한 단지는 ㉡의 예를 바르게 들지 못했습니다.

05 하트 모양은 사랑을 뜻하는 기호이기 때문에 ㉢에 들어갈 말은 '사랑'이라는 것을 짐작할 수 있습니다.

06 하트 모양의 유래를 중심으로 글의 내용을 요약해 봅니다.

| 어휘력 더하기 |

꾸며 주는 말 (1) 엄마는 언제나 나를 사랑한다는 내용이므로, '늘'이 꾸며 주는 말로 적당하고, (2) 소문이 여기저기 퍼졌다는 내용이므로, '널리'가 꾸며 주는 말로 적당하고, (3) 아기들은 일반적으로 밤에 많이 운다는 내용이므로, '보통'이 꾸며 주는 말로 적당합니다.

뜻이 여러 개인 말 (1)과 (2)는 물건을 넘겨준다는 의미에 적합하므로 ②의 뜻으로 쓰였고, (3)은 남에게 말을 건다는 의미에 적합하므로 ①의 뜻으로 쓰였습니다.

3일 밸런타인데이에 왜 초콜릿을 줄까?

19-21쪽

어휘 알기

처형, 신부, 들뜨다

독해력 기르기

01 (1) ○ (2) ○ (3) ×
02 (㉯) → ㉮ → ㉰ → ㉱
03 (1) ○
04 (2) ○
05 ① 밸런타인데이 ② 결혼 ③ 초콜릿

어휘력 더하기

낱말의 뜻 (1)-(나) (2)-(가)
뜻이 여러 개인 말 (1) ② (2) ③ (3) ①

| 독해력 기르기 |

01 오늘날에는 밸런타인데이에 여자가 남자에게 초콜릿을 선물하는 문화가 있다고 했습니다. 따라서 (3)의 내용이 알맞지 않습니다.

02 사랑하는 사람들을 결혼시켜 주다 처형당한 발렌티누스를 기리기 위해 시작된 행사가 일본의 상품 광고에 이용되며 밸런타인데이 문화로 자리 잡았다고 했습니다. 이런 내용을 떠올리며 순서를 정리해 봅니다.

03 글쓴이는 초콜릿에 사랑에 빠지면 나오는 물질인 '페닐에틸아민'이 들어 있어서 밸런타인데이에 선물하기 좋은 음식이라고 말했습니다.

04 화이트 데이는 사랑을 고백한다는 점에서 밸런타인데이와 성격이 비슷한 기념일이라고 할 수 있습니다.

05 밸런타인데이의 유래를 중심으로 글의 내용을 요약해 봅니다.

| 어휘력 더하기 |

낱말의 뜻 '금지하다'는 법이나 규칙이나 명령 따위로 어떤 행위를 하지 못하도록 한다는 뜻이고, '고백하다'는 마음속에 생각하고 있는 것을 사실대로 숨김없이 말한다는 뜻입니다.

뜻이 여러 개인 말 (1)은 어떤 일이 벌어진다는 의미에 적합하므로 ②의 뜻으로 쓰였고, (2)는 어떤 모습으로 보인다는 의미에 적합하므로 ③의 뜻으로 쓰였고, (3)은 없던 것이 새로 있게 된다는 의미에 적합하므로 ①의 뜻으로 쓰였습니다.

4일 에로스와 아폴론

23-25쪽

어휘 알기

궁술, 미소, 반하다

독해력 기르기

01 (1)-(나) (2)-(가)
02 (4) ×
03 (2) ○
04 아폴론
05 ① 에로스 ② 금화살 ③ 월계수

어휘력 더하기

관용 표현 애(가 타다), 애간장(이 녹다)
모양이 같은 말 (1)-(나) (2)-(가)

| 독해력 기르기 |

01 에로스의 금화살에 맞으면 처음 만나는 상대를 사랑하게 되고, 납 화살에 맞으면 처음 만나는 상대를 싫어하게 됩니다.

02 다프네는 아폴론을 피하기 위해서 월계수 즉 나무로 변했고, 아폴론은 그런 월계수의 잎과 가지로 월계관을 만들었으므로 (4)의 내용이 알맞지 않습니다.

03 아폴론은 월계수를 자신의 나무로 삼고, 자신의 물건을 월계수로 장식했습니다. 이를 통해 아폴론이 여전히 다프네를 사랑하고 있다는 것을 짐작할 수 있습니다.

04 아폴론은 에로스의 활과 화살이 작다며 무시하고 놀리다가 에로스의 금화살에 맞았습니다. 하지만 다프네는 납 화살에 맞아 아폴론을 싫어하게 되고, 결국 월계수로 변하여 아폴론은 사랑하는 다프네를 잃게 되었습니다. 따라서 제시된 글에서 설명하는 인물은 '아폴론'입니다.

05 일이 일어난 차례에 따라 글의 내용을 요약해 봅니다.

| 어휘력 더하기 |

관용 표현 안타까워서 속이 타는 것 같다는 뜻을 가진 관용 표현은 '애가 타다'이고, 몹시 걱정스럽거나 안타까운 마음에 속이 녹는 듯하다는 뜻을 가진 관용 표현은 '애간장이 녹다'입니다.

모양이 같은 말 (1)에서 '수상했어'는 대회나 경기에서 상을 받는다는 뜻이고, (2)에서 '수상했어'는 하는 짓이나 차림새가 이상하고 의심스럽다는 뜻입니다.

해답·해설 **2주** 전쟁

5일 사랑의 약속, 타지마할   27-29쪽

어휘 알기

대칭, 균형미, 통일감

독해력 기르기

01 타지마할   **02** (1) ○ (2) ○ (3) ✕
03 ⑤   **04** (3) ✕
05 (1)-(개) (2)-(대) (3)-(내)
06 ① 인도 ② 샤자한 ③ 타지마할

어휘력 더하기

낱말의 관계 끝나다 ⊜ 마치다, 불러들이다 ⟷ 불러내다,
사들이다 ⊜ 구입하다, 짓다 ⟷ 부수다
헷갈리는 말 (1) 비추다 (2) 비치다

| 독해력 기르기 |

01 타지마할은 '마할의 왕관'이라는 뜻으로, 무굴 제국의 황제 샤자
한이 황비가 죽자 세상에서 가장 아름다운 무덤을 지어 주겠다
고 다짐하며 지은 것입니다.

02 타지마할은 샤자한이 살아 있을 때 완성되었습니다. 따라서 (3)
의 내용이 알맞지 않습니다.

03 ㉤은 타지마할의 모습에 대한 감상 즉, 글쓴이의 의견이 드러난
문장입니다.

04 ㉣은 샤자한이 황비가 죽고 하룻밤 사이에 머리가 하얗게 셌다
는 내용으로, 사랑하는 황비의 죽음에 충격을 받아 생긴 일로 짐
작할 수 있습니다. 따라서 ㉣과 관계없는 내용은 (3)입니다.

05 ㉠ 문단은 타지마할을 만들게 된 까닭, ㉡ 문단은 샤자한이 타
지마할을 공들여 만든 과정, ㉢ 문단은 타지마할의 아름다움에
대한 내용을 중심으로 구성되었습니다.

06 타지마할에 대한 설명을 중심으로 글의 내용을 요약해 봅니다.

| 어휘력 더하기 |

낱말의 관계 '끝나다'와 '마치다', '사들이다'와 '구입하다'는 뜻이 서로
비슷한 말이고, '불러들이다'와 '불러내다', '짓다'와 '부수다'는 뜻이 서
로 반대인 말입니다.

헷갈리는 말 (1)은 빛을 내는 대상이 다른 대상에 빛을 보내어 밝게 한
다는 뜻이므로 '비추다'로 써야 하고, (2)는 빛이 나서 환하게 된다는
뜻이므로, '비치다'로 써야 합니다.

1일 안네의 일기   33-35쪽

어휘 알기

전세, 폭격, 구걸

독해력 기르기

01 일기
02 ④
03 (3) ○   **04** ③
05 수호
06 ① 안네 ② 독일군 ③ 폭격

어휘력 더하기

틀리기 쉬운 말 (1) ○ (2) ✕ (3) ○ (4) ✕
헷갈리는 말 뿔뿔이, 반듯이, 말끔히, 솔직히, 정확히

| 독해력 기르기 |

01 「안네의 일기」는 안네라는 소녀가 제2차 세계 대전 때 독일군을
피해 숨어 지내면서 겪었던 일을 쓴 일기입니다.

02 ㉠은 전쟁에서 언제 벗어날 수 있을지, 온 세계가 전쟁의 불길에
타들어 가고 있어서 걱정되고, 불안하고, 두렵고, 무서워하는 마
음이 느껴지는 문장입니다. 따라서 ④의 '귀찮다'는 이 문장에서
느낄 수 있는 감정이 아닙니다.

03 ㉡은 독일군에게 잡혀가는 것을 두려워하고, 전쟁으로 식량이
떨어질까 봐 걱정하는 문장이므로, (3)은 ㉡을 바르게 이해하지
못한 내용입니다.

04 엄청난 폭격으로 군인들이 전쟁을 멈춘 것은 아니므로, ③은 틀
린 내용입니다.

05 안네는 일기를 통해 전쟁의 두려움을 털어놓으며 마음을 안정
시켰습니다. 그러므로 안네가 전쟁의 두려움을 느끼지 못했다
는 수호는 글을 잘못 이해하고 감상을 말했습니다.

06 안네가 쓴 일기를 중심으로 글의 내용을 요약해 봅니다.

| 어휘력 더하기 |

틀리기 쉬운 말 '바램'은 '바람'을 잘못 쓴 말입니다. 따라서 (2)와 (4)의
'바램'은 '바람'으로 바꾸어 써야 합니다.

헷갈리는 말 같은 말이 반복되는 낱말이나 'ㅅ' 받침 뒤에 '-이'를 쓰므
로, '뿔뿔이', '반듯이'가 맞고, '-하다'가 붙을 수 있는 낱말 뒤에 '-히'를
쓰므로, '말끔히', '솔직히, 정확히'가 맞습니다. '줄줄히'는 '줄줄이'로,
'깨끗히'는 '깨끗이'로 써야 합니다.

2일 전쟁은 왜 일어날까? 　　　　　37-39쪽

어휘 알기

존중, 속셈, 성능, 굴복

독해력 기르기

01 (2) ○

02 ①　　**03** ③

04 (1) ○

05 ① 이익 ② 다름 ③ 전쟁

어휘력 더하기

낱말의 관계 정당하다 ⟷ 부당하다, 계속되다 ≡ 지속되다,
강력하다 ≡ 세다, 파괴되다 ≡ 망가지다

헷갈리는 말 (1) 쫓아 (2) 좇아

3일 전쟁을 막은 서희의 담판 　　　　　41-43쪽

어휘 알기

적진, 담판, 회담

독해력 기르기

01 고려 시대　　**02** (1)-(나) (2)-(가)

03 고려　　**04** ⓒ　　**05** (1) ○

06 ① 거란 ② 서희 ③ 소손녕

어휘력 더하기

뜻이 비슷한 말 (1) 건방지게, 교만하게
(2) 내쫓았어, 물리쳤어 (3) 이웃해, 접해

올바른 표기 (무너)트리다, (부서)뜨리다, (깨)뜨리다,
(넘어)트리다

| **독해력 기르기** |

01 이 글은 아빠와 서원이가 전쟁은 왜 일어나는지에 대해 이야기 나누는 대화를 쓴 글입니다.

02 이 글에서 서원이는 뉴스에서 전쟁 중인 나라들을 봤다고 이야기합니다. 오늘날에도 세계에서 전쟁은 일어나고 있으므로 알맞지 않은 것은 ①입니다.

03 글의 흐름상 자연스럽게 어울리는 말을 짐작해 보는 문제입니다. ㉠에는 친구들과 다툼이 있을 때의 바른 행동을 짐작해야 하므로, '대화하고'가 들어가야 알맞고, ㉡에는 서로의 다름을 받아들이는 바른 태도를 짐작해야 하므로 '인정하고'가 들어가야 알맞습니다.

04 '핵무기 폐기 국제 운동'은 핵무기의 엄청난 피해를 알리고, 평화를 위해 핵무기를 없애자는 활동을 하는 단체입니다. 따라서 ㉢과 관계있는 활동은 (1)입니다.

05 전쟁이 일어나는 이유를 중심으로 글의 내용을 요약해 봅니다.

| **어휘력 더하기** |

낱말의 관계 '정당하다'와 '부당하다'는 서로 뜻이 반대되는 말이고, '계속되다', '지속되다', '강력하다'와 '세다', '파괴되다'와 '망가지다'는 뜻이 서로 비슷한 말입니다.

헷갈리는 말 (1)은 잡거나 만나려고 급히 따라간다는 뜻이므로 '쫓다'의 활용형인 '쫓아'를 써야 하고, (2)는 목표나 이상, 남의 뜻 따위를 따른다는 뜻이므로 '좇다'의 활용형인 '좇아'를 써야 합니다.

| **독해력 기르기** |

01 이 글은 고려 시대 때 서희가 거란의 장수 소손녕과 담판을 벌여 전쟁을 막은 일화를 소개한 글입니다.

02 일부 신하들은 거란의 요구를 들어주고 전쟁을 막자고 했습니다. 하지만 서희는 담판을 벌여 거란의 군대를 돌려보내겠다고 했습니다.

03 고구려의 옛 땅을 내놓으라는 소손녕의 요구에 서희는 고려는 고구려를 잇는 나라이고, 그래서 이름도 고구려에서 따온 것이라며 고구려의 땅을 돌려줄 수 없다고 논리적으로 받아칩니다.

04 담판에서 소손녕은 거만한 태도를 보였으나 서희의 논리적이고 당당한 태도에 밀려서 고려의 요구를 들어주게 됩니다.

05 서희가 겸손한 태도로 거란을 감동시켜서 고려가 원하는 것을 얻어 낸 것은 아니므로 (2)는 글을 잘못 이해하고 서희를 평가한 것입니다.

06 서희가 한 일을 중심으로 글의 내용을 요약해 봅니다.

| **어휘력 더하기** |

뜻이 비슷한 말 '거만하게'와 비슷한말은 '건방지게, 교만하게'이고, '몰아냈어'와 비슷한말은 '내쫓았어, 물리쳤어'이고, '맞닿아'와 비슷한말은 '이웃해, 접해'입니다.

올바른 표기 우리말에서 '-뜨리다'와 '-트리다'는 모두 뜻이 같은 표준어로 인정합니다. '무너뜨리다'는 '무너트리다', '부서트리다'는 '부서뜨리다', '깨트리다'는 '깨뜨리다', '넘어뜨리다'는 '넘어트리다'와 뜻이 같은 표준어입니다.

어휘 알기

대치, 캐럴, 휴전

독해력 기르기

01 제1차 세계 대전   02 (3)✕

03 (1)-(나) (2)-(가)

04 (2)○

05 우승

06 ① 독일군 ② 캐럴 ③ 크리스마스

어휘력 더하기

뜻이 비슷한 말 (1) 주고받(다) (2) 벌어지(다)

뜻을 더하는 말 (한)밤중, (한)가운데, (한)겨울

| 독해력 기르기 |

01 이 글은 제1차 세계 대전 때 크리스마스에 독일군과 영국군 사이에 벌어진 잠시 동안의 휴전을 설명하는 글입니다.

02 이 글에서 군인들이 휴전 동안에 전쟁을 반대하며 전쟁터에서 탈출했다는 말은 나오지 않습니다. 따라서 (3)은 알맞은 내용이 아닙니다.

03 전쟁터에서 대치 중일 때는 서로가 목숨을 걸고 싸워야 하는 적군이었을 것입니다. 하지만 크리스마스에 잠시 동안 휴전을 했을 때는 기념품도 교환하고 축구도 같이 하며 즐거운 시간을 함께 보낸 동료라고 생각했을 것입니다.

04 군인들은 전쟁을 벌이다 죽을지도 모른다는 두려움에서 벗어나 잠시 서로 총을 내려놓고 평화롭게 지내기를 바랐을 것입니다.

05 군인들이 윗사람의 명령에 따라 휴전을 한 것은 아니므로 우승이는 글을 잘못 이해하고 감상을 말했습니다.

06 휴전을 벌인 과정을 중심으로 글의 내용을 요약해 봅니다.

| 어휘력 더하기 |

뜻이 비슷한 말 '교환하다'는 서로 바꾼다는 뜻으로 '주고받다'와 뜻이 비슷하고, '일어나다'는 어떤 일이 생긴다는 뜻으로 '벌어지다'와 뜻이 비슷합니다.

뜻을 더하는 말 '한-'이 붙어 깊은 밤을 뜻하는 말은 '한밤중', 가장 가운데가 되는 곳을 뜻하는 말은 '한가운데', 한창 추운 겨울을 뜻하는 말은 '한겨울'입니다.

어휘 알기

생방송, 보도하다, 다국적군

독해력 기르기

01 (1)○   02 (1)○

03 ④

04 (1)○ (2)○

05 석진

06 ① 게임 ② 걸프 ③ 전쟁

어휘력 더하기

낱말의 뜻 (1)-(나) (2)-(가)

틀리기 쉬운 말 (2)○ (3)○

| 독해력 기르기 |

01 걸프 전쟁은 미국을 중심으로 한 다국적군과 이라크 사이에 벌어진 전쟁입니다. 따라서 (2)는 알맞지 않은 내용입니다.

02 사람들은 게임처럼 화려한 시엔엔의 전투 영상을 보며 전쟁의 폭력성을 느끼지 못했기 때문에 전쟁으로 고통받는 사람의 아픔을 잊었습니다.

03 전쟁으로 사랑하는 사람을 잃고, 정든 집을 떠나야 하는 등 평화롭던 삶이 바뀐다는 내용이 나오므로 빈 곳에 들어갈 말은 '불행하게'라는 것을 짐작할 수 있습니다.

04 시엔엔은 걸프 전쟁을 보도할 때 미국의 최신 무기를 자랑하듯 보여 주고, 전투 장면을 화려하게 보여 주기 위해 컴퓨터 그래픽을 사용했습니다.

05 이 글은 방송사에서 전쟁을 화려하고 멋있게만 보여 줘서 사람들이 전쟁의 비참함과 폭력성을 잊게 되었다는 내용을 비판하는 내용입니다. 따라서 석진이는 글을 잘못 이해하고 자신의 생각을 말했습니다.

06 글의 내용을 처음, 가운데, 끝의 세 부분으로 요약해 봅니다.

| 어휘력 더하기 |

낱말의 뜻 '뉴스'는 새로운 소식을 전하여 주는 방송의 프로그램이라는 뜻이고, '방송사'는 여러 시설을 갖추고 방송을 내보내는 회사라는 뜻입니다.

틀리기 쉬운 말 '폭팔'은 '폭발', '폭파'와 비슷해서 맞는 말이라고 생각하지만 틀린 말입니다. 따라서 (1)의 '폭팔'은 '폭발'로 써야 합니다.

1일 단군 신화
55-57쪽

어휘 알기

무리, 어질다, 신단수

독해력 기르기

01 웅녀, 단군, 호랑이, 환웅

02 (3)×

03 쑥, 마늘

04 (1)×   05 (1)○

06 ① 환웅 ② 웅녀 ③ 단군

어휘력 더하기

뜻이 비슷한 말 해결하다, 교육하다, 늠름하고, 비켜서지
뜻이 여러 개인 말 (1) ① (2) ① (3) ②

| 독해력 기르기 |

01 이 글에는 환웅과 웅녀, 호랑이, 단군이 등장합니다.

02 쑥과 마늘을 먹고 사람이 된 것은 곰이므로 (3)은 단군과 관계없는 내용입니다.

03 환웅이 곰과 호랑이에게 쑥과 마늘을 주며 이것을 백 일 동안 먹으며 지내라고 한 것으로 보아, '이것'이 가리키는 것은 쑥과 마늘이라는 것을 알 수 있습니다.

04 큰사람은 됨됨이가 뛰어나고 훌륭한 사람, 또는 큰일을 해내거나 위대한 사람이라는 뜻이 있습니다. 따라서 환웅이 말한 '큰사람'의 속뜻과 거리가 먼 것은 (1)입니다.

05 「단군 신화」는 한 나라가 처음 생겨난 유래에 관한 신화입니다. 따라서 「단군 신화」와 비슷한 성격의 신화를 말하는 것은 고구려를 세운 주몽 신화에 대해 말한 (1)입니다.

06 일이 일어난 차례에 따라 글의 내용을 요약해 봅니다.

| 어휘력 더하기 |

뜻이 비슷한 말 '풀다'와 '해결하다'는 어떠한 문제를 처리한다는 뜻이 있고, '가르치다'와 '교육하다'는 지식이나 재능을 익히게 한다는 뜻이 있고, '씩씩하고'와 '늠름하고'는 굳세고 위엄스럽다는 뜻이 있고, '물러서지'와 '비켜서지'는 피하여 옮겨 선다는 뜻이 있습니다.
뜻이 여러 개인 말 (1)과 (2)는 수나 양이 많아진다는 의미에 적합하므로 ①의 뜻으로 쓰였고, (3)은 사람의 힘이나 솜씨가 나아진다는 의미에 적합하므로 ②의 뜻으로 쓰였습니다.

2일 팔도라는 말은 언제부터 썼을까?
59-61쪽

어휘 알기

국토, 기본, 따오다

독해력 기르기

01 팔도   02 (1)○

03 (1) 강원도 (2) 충청도 (3) 전라도 (4) 경상도

04 태종   05 (3)○

06 ① 우리나라 ② 팔도 ③ 도시

어휘력 더하기

낱말의 관계 변함없다 ⊜ 똑같다, 이어지다 ⊖ 끊어지다, 제외하다 ⊜ 빼다, 번성하다 ⊜ 번영하다
모양이 같은 말 (1)-(내) (2)-(가)

| 독해력 기르기 |

01 핵심어를 알아보는 문제입니다. '팔도'는 우리나라 전체를 가리키는 말입니다.

02 이 글은 팔도의 이름과 유래를 설명하는 글로, 팔도를 바탕으로 한 행정 구역의 변화를 설명하고 있습니다.

03 팔도는 조선 시대에 번성했던 도시의 이름을 따서 지었습니다. '강원도'는 '강릉과 원주', '충청도'는 '충주와 청주', '전라도'는 '전주와 나주', '경상도'는 '경주와 상주'의 앞 글자를 하나씩 따와서 지었습니다.

04 전국을 8개의 도로 처음 나눈 것은 조선의 세 번째 임금인 태종이므로, 제시된 그림 속 임금은 '태종'입니다.

05 나라를 효율적으로 관리하기 위해 국토를 나누는 것이고, 점차 도의 개수는 늘었습니다. 따라서 (3)은 글을 잘못 이해하고 말한 것입니다.

06 글의 내용을 처음, 가운데, 끝의 세 부분으로 요약해 봅니다.

| 어휘력 더하기 |

낱말의 관계 '변함없다'와 '똑같다', '제외하다'와 '빼다', '번성하다'와 '번영하다'는 서로 뜻이 비슷한 말이고, '이어지다'와 '끊어지다'는 서로 뜻이 반대되는 말입니다.
모양이 같은 말 (1)에서 '수도'는 수돗물을 나오게 하거나 막는 장치라는 뜻이고, (2)에서 '수도'는 한 나라의 중앙 정부가 있는 도시라는 뜻입니다.

어휘 알기

문맹, 무궁무진, 우수하다

독해력 기르기

01 한글

02 ③

03 (1) ○   04 ③

05 형민

06 ① 자음 ② 디지털 ③ 소리

어휘력 더하기

뜻이 비슷한 말 늘어놓다, 없애다

올바른 띄어쓰기 (1) ◎ (2) ✕ (3) ◎

| 독해력 기르기 |

01 이 글은 한글의 우수한 점에 대해 설명하는 글입니다.

02 한글은 자음과 모음 24개로 이루어진 글자로, 자판에 모두 나열할 수 있습니다. 따라서 알맞지 않은 내용은 ③입니다.

03 글쓴이는 스마트폰이나 컴퓨터에 한글을 쉽고 빠르게 입력할 수 있어서 디지털 시대에 적합한 글자라고 평가했습니다. 따라서 글쓴이가 ⊙과 같이 말한 까닭은 (1)이 알맞습니다.

04 이 글은 한글의 우수성에 대해 설명한 글이므로, 한글을 꾸미는 말로 '지혜롭고 과학적인'이 들어가야 알맞습니다.

05 이른 아침부터 한나절이면 배울 수 있다고 해서 한글을 '모닝 레터'라고 부릅니다. 따라서 형민이는 글을 잘못 이해하고 말했습니다.

06 한글이 우수한 이유를 중심으로 글의 내용을 요약해 봅니다.

| 어휘력 더하기 |

뜻이 비슷한 말 '나열하다'와 '늘어놓다'는 죽 벌여 놓는다는 뜻이 있고, '퇴치하다'와 '없애다'는 어떤 일을 사라지게 한다는 뜻이 있습니다.

올바른 띄어쓰기 (1)에서 '밖에'는 '바깥에'라는 뜻으로 쓰였으므로 앞말과 띄어 써야 하고, (2)와 (3)에서 '밖에'는 '그것 빼고는, 그것 말고는'의 뜻으로 쓰였으므로 앞말과 붙여 써야 합니다. 따라서 (2)에서는 '하나밖에'로 써야 알맞습니다.

어휘 알기

미지, 표류, 무역

독해력 기르기

01 하멜   02 (2) ○

03 (1)-(대) (2)-(개) (3)-(내)

04 (1) ✕ (2) ○ (3) ○

05 ②

06 ① 하멜 ② 제주도 ③ 월급

어휘력 더하기

낱말의 뜻 (1)-(개) (2)-(내)

뜻이 여러 개인 말 (1) ③ (2) ② (3) ①

| 독해력 기르기 |

01 이 글은 하멜이 조선에 표류했던 이야기를 다룬 글입니다.

02 하멜은 일본과 무역을 하기 위하여 동인도 회사의 배를 타고 떠났다가 배가 폭풍우에 떠밀려 제주도에 오게 됐습니다.

03 하멜 일행은 제주도에서는 편히 지냈지만, 한양으로 올라와서는 잔치마다 불려 다니며 광대처럼 춤을 추고 노래를 했습니다. 몰래 조선을 떠나려다 들켜서 전라도로 쫓겨났는데 이곳에서는 이런저런 일을 하며 힘들게 살았습니다.

04 『하멜 표류기』는 하멜이 조선에 대해 알게 된 것들을 자세하게 쓴 보고서를 책으로 낸 것입니다. 이 책으로 유럽 사람들이 조선에 관심을 갖게 되었다고 했으므로, (1)은 알맞지 않습니다.

05 제시된 글은 조선에서 여행할 때 묵을 수 있는 숙소에 대한 내용이므로, '조선에서 여행하기'라는 제목이 적합합니다.

06 하멜이 겪은 일을 중심으로 글의 내용을 요약해 봅니다.

| 어휘력 더하기 |

낱말의 뜻 '마련하다'는 필요한 것을 미리 헤아려 갖춘다는 뜻이고, '억울하다'는 잘못도 없이 꾸중을 듣거나 벌을 받아 분하다는 뜻입니다.

뜻이 여러 개인 말 (1)은 서로 뜻이 잘 전해져 이해되거나 알게 된다는 의미에 적합하므로 ③의 뜻으로 쓰였고, (2)는 길이나 공간을 거쳐서 지나간다는 의미에 적합하므로 ②의 뜻으로 쓰였고, (3)은 막힘이 없이 트이거나 이어진다는 의미에 적합하므로 ①의 뜻으로 쓰였습니다.

5일 호주에 사는 한나에게
71-73쪽

어휘 알기

문화, 교류, 공감하다

독해력 기르기

01 문화, 인기

02 (2) ○   03 (3) ×

04 (3) ○

05 ㉣

06 ① 한류 ② 인터넷 ③ 문화

어휘력 더하기

한(韓)이 들어간 낱말 (한)복, (한)식, (한)옥
헷갈리는 말 (1) 넘어서 (2) 넘어 (3) 너머

| **독해력 기르기** |

01 한류는 한국 사람들이 만든 드라마, 영화, 대중가요 등 한국 문화가 세계적으로 큰 인기가 있는 현상입니다.

02 글쓴이는 한류 문화에 관심 있는 외국인 친구에게 한류에 대해 알려 주려고 편지를 썼습니다.

03 우리나라에 여행을 오는 외국인 관광객의 수가 줄어든 것은 한류 현상과 관련이 없는 내용입니다.

04 우리나라의 자연환경에 반한 외국인들이 많아진 것은 한류가 유행하게 된 까닭과 관련이 없습니다. 따라서 (3)은 글을 잘못 이해하고 말한 것입니다.

05 한국의 기업에서 일을 하려고 한국에 온 외국인은 ㉠의 예로 알맞지 않습니다.

06 한류의 뜻과 한류가 인기 있는 이유, 한류의 영향을 중심으로 글의 내용을 요약해 봅니다.

| **어휘력 더하기** |

한(韓)이 들어간 낱말 '한국 한(韓)' 자는 우리나라를 대표하는 옷, 음식, 집 등을 가리키는 낱말에 사용합니다. '한복', '한식', '한옥'의 뜻을 익혀 봅니다.

헷갈리는 말 '넘다'는 동작을 뜻하고, '너머'는 공간이나 위치를 나타냅니다. 따라서 (1)과 (2)는 '넘다'의 활용형인 '넘어서', '넘어'로 쓰고, (3)은 '너머'로 씁니다.

1일 개와 고양이
77-79쪽

어휘 알기

망, 부리나케, 으스대다

독해력 기르기

01 구슬

02 (3) ○   03 (2) ○

04 (1) ○

05 (1)-(나) (2)-(가)

06 ① 잉어 ② 강 ③ 개

어휘력 더하기

낱말의 뜻 (1) 자유롭게 (2) 왔다 갔다 (3) 등
모양이 같은 말 (1)-(가) (2)-(나)

| **독해력 기르기** |

01 할아버지는 잡은 잉어를 놓아주고, 잉어에게 소원을 들어주는 구슬을 선물로 받았습니다.

02 할아버지와 할머니는 소원을 들어주는 구슬로 부자가 되었지만, 이 소문을 들은 욕심쟁이 할머니가 구슬을 훔쳐 가서 다시 가난해졌습니다.

03 개와 고양이가 구슬을 되찾아 돌아올 때 개는 헤엄을 치고, 고양이는 구슬을 문 채 개의 등에 업혔습니다. 이 모습으로 알맞은 것은 (2)입니다.

04 개의 물음에 대답하다가 입에 문 구슬을 떨어뜨릴까 봐 고양이는 대답을 할 수 없었습니다.

05 원인은 어떤 일이 일어난 까닭이고, 결과는 원인 때문에 벌어진 일입니다. 따라서 개가 구슬을 잘 물고 있는지 자꾸 물어본 것은 원인이고, 개의 물음에 대답하다가 고양이가 구슬을 강에 빠뜨린 것은 결과입니다.

06 일이 일어난 차례에 따라 글의 내용을 요약해 봅니다.

| **어휘력 더하기** |

낱말의 뜻 '놓아주다'는 갇히거나 잡힌 상태에서 자유롭게 해 준다는 뜻이고, '서성대다'는 한곳에 서 있지 않고 자꾸 주위를 왔다 갔다 한다는 뜻이고, '업히다'는 사람이나 동물 따위가 다른 사람이나 동물의 등에 매달려 붙어 있게 된다는 뜻입니다.

모양이 같은 말 (1)에서 '도로'는 본래대로 다시를 뜻하고, (2)에서 '도로'는 사람이나 차 따위가 다니게 만든 길을 뜻합니다.

어휘 알기

수화, 지능, 의사소통

독해력 기르기

01 동물들
02 (1)-(내) (2)-(대) (3)-(개)
03 (1) ○ (2) ○ (3) ×
04 (3) ○
05 ① 큰 ② 빠른 ③ 똑똑한

어휘력 더하기

낱말의 뜻 (1)-(내) (2)-(개)
합쳐진 말 포유동물, 자동차, 몸길이

| 독해력 기르기 |

01 이 글은 가장 크거나 작은 동물, 가장 빠른 동물, 가장 똑똑한 동물 등 최고라고 자랑할 만큼 놀라운 동물들에 대해 소개하는 글입니다.

02 흰긴수염고래는 세상에서 가장 큰 동물이고, 보노보는 사람 말고 세상에서 가장 똑똑한 동물이고, 송골매는 세상에서 가장 빠른 동물입니다.

03 치타의 달리기 속도는 시속 110킬로미터 정도로 고속 도로를 달리는 자동차와 비슷한 속도입니다. 따라서 (3)은 알맞지 않은 내용입니다.

04 토끼가 초식 동물이라는 설명은 최고 기록을 가진 동물과 관련 없는 내용입니다. 따라서 ㉠과 관계없는 내용을 말하는 것은 (3)입니다.

05 최고 기록을 가진 동물들을 크기, 속도, 지능으로 나누어 글의 내용을 요약해 봅니다.

| 어휘력 더하기 |

낱말의 뜻 '시속'은 한 시간 동안 움직이는 거리를 나타낸 속도이고, '작전'은 어떤 일을 이루려고 짜는 계획이나 방법입니다.
합쳐진 말 새끼에게 젖을 먹여 키우는 동물은 '포유'와 '동물', 엔진에서 내는 힘으로 바퀴를 돌려서 달리는 차는 '자동'과 '차', 동물 따위의 몸체의 길이는 '몸'과 '길이'가 합쳐진 말입니다.

어휘 알기

독성, 해충, 민감하다

독해력 기르기

01 (1) ○
02 ②
03 (1) ×
04 (1) ○
05 ① 꿀벌 ② 지구 온난화 ③ 농약

어휘력 더하기

낱말의 뜻 식량, 전염병
시키는 표현 (2) 녹이다 (3) 웃기다 (4) 앉히다 (5) 얼리다

| 독해력 기르기 |

01 이 글은 꿀벌이 사라지는 원인에 대해 설명하는 글입니다. 글쓴이는 전 세계적으로 꿀벌이 사라지는 현상에 대해 걱정하고 있습니다.

02 꿀벌은 꽃가루를 옮겨 사과, 배 등의 열매를 맺게 해 주는 역할을 합니다. 따라서 빈 곳에 들어갈 말은 열매입니다.

03 지구 온난화로 식물들의 꽃이 피지 않는 현상은 일어나지 않는 데다 이 글에서 언급한 내용이 아니므로 (1)은 알맞지 않은 내용입니다.

04 꿀벌이 사라졌을 때의 생태계 변화에 대해 알아보는 문제입니다. 꿀벌이 사라지면 식물이 열매를 맺지 못하고, 씨앗을 만들지 못하는 식물들이 많아져 식물의 수가 줄어듭니다. 이어서 식물을 먹이로 삼는 초식 동물의 수도 줄고, 초식 동물을 먹이로 삼는 육식 동물의 수도 줄어듭니다.

05 꿀벌이 사라지는 이유를 중심으로 글의 내용을 요약해 봅니다.

| 어휘력 더하기 |

낱말의 뜻 생존을 위하여 필요한 사람의 먹을거리를 뜻하는 낱말은 '식량'이고, 병원체가 다른 생물체에 옮아 집단적으로 유행하는 병을 뜻하는 낱말은 '전염병'입니다.
시키는 표현 움직임을 나타내는 말에 '-이-, -히-, -리-, -기-, -우-, -구-, -추-'를 붙이면 남에게 동작을 하도록 시키는 말을 만들 수 있습니다. '녹다'는 '녹이다', '웃다'는 '웃기다', '앉다'는 '앉히다', '얼다'는 '얼리다'로 시키는 말을 만들 수 있습니다.

4일 늑대왕 로보
89-91쪽

어휘 알기

미끼, 목장, 현상금

독해력 기르기

01 (1) ○

02 (1)-(나) (2)-(가)

03 ④   04 (1) ○

05 (3) ○

06 ① 로보 ② 가축 ③ 블랑카

어휘력 더하기

낱말의 반대말 영리하다, 공격하다

모양이 같은 말 (1)-(나) (2)-(가)

| 독해력 기르기 |

01 '나'는 로보를 잡아 달라는 부탁을 받고 커럼포의 목장 지대에 갔습니다.

02 로보는 매우 영리한 늑대로 '나'가 독약이 든 미끼로 로보를 꾀어 보려고 했지만 미끼들을 모아 똥을 싸 놓고, 숨겨 둔 덫도 모두 찾아내 파헤쳐 놓았습니다.

03 '나'가 로보의 짝을 이용해 보기로 했다는 문장으로 미루어 보아 ㉠에 들어갈 말은 '블랑카'입니다.

04 몸이 차갑게 식었다는 말은 생명이 다했다는 말입니다. 따라서 ㉡의 뜻으로 알맞은 것은 (1)입니다.

05 늑대는 길들여서 키울 수 없는 동물입니다. 따라서 로보를 길들여 반려동물로 삼으면 좋았을 것이라고 말한 (3)은 이 글을 잘못 이해한 감상입니다.

06 일이 일어난 차례에 따라 글의 내용을 요약해 봅니다.

| 어휘력 더하기 |

낱말의 반대말 슬기롭지 못하고 둔하다는 뜻을 가진 '어리석다'는 눈치가 빠르고 똑똑하다는 뜻을 가진 '영리하다'와 뜻이 반대인 말이고, 상대편의 공격을 막는다는 뜻을 가진 '방어하다'는 나아가 적을 친다는 뜻을 가진 '공격하다'와 뜻이 반대인 말입니다.

모양이 같은 말 (1)에서 '싸다'는 물건값이나 어떤 일을 하는 데 드는 돈이 적다는 뜻이고, (2)에서 '싸다'는 똥이나 오줌을 눈다는 뜻입니다.

5일 동물은 살아 있는 생명이에요
93-95쪽

어휘 알기

복지, 인공, 소재, 소비자

독해력 기르기

01 ⑤

02 (2) ○

03 (1)-(나) (2)-(가)

04 진영

05 ① 털 ② 공장식 ③ 스트레스

어휘력 더하기

낱말의 뜻 (1) 동물 (2) 피부

뜻이 여러 개인 말 (1) ① (2) ② (3) ③

| 독해력 기르기 |

01 공장식 축사는 매우 좁아서 동물들이 갇혀 있는 동안 스트레스를 받는다고 했습니다. 따라서 이 글의 내용으로 알맞지 않은 것은 ⑤입니다.

02 공장식 축사를 나타낸 사진으로 알맞은 것은 (2)입니다.

03 소비자가 동물성 소재가 들어 있지 않은 제품을 사게 되면 점차 동물의 털과 가죽으로 제품을 만드는 일은 줄어들 것입니다. 동물 복지를 지키는 농장에서 나온 식품을 사게 되면 공장식 축사에서 동물을 키우는 농장도 점차 줄어들 것입니다.

04 동물 복지 인증 마크가 붙은 달걀은 비싸기 때문에 사지 않겠다는 승기의 말은 동물의 복지나 안전을 생각하면서 소비하는 것과 거리가 먼 내용입니다.

05 인간을 위해 고통받는 동물과 이를 해결하기 위한 방법을 중심으로 글의 내용을 요약해 봅니다.

| 어휘력 더하기 |

낱말의 뜻 '가죽'은 동물의 몸을 감싸고 있는 질긴 껍질이라는 뜻이고, '털'은 사람이나 동물의 피부에 나는 가느다란 실 모양의 것이라는 뜻입니다.

뜻이 여러 개인 말 (1)은 먹을 것을 씹거나 삼켜서 배 속에 넣는다는 의미에 적합하므로 ①의 뜻으로 쓰였고, (2)는 어떤 마음이나 느낌을 품는다는 의미에 적합하므로 ②의 뜻으로 쓰였고, (3)은 나이가 많아지거나 어떤 나이에 이른다는 의미에 적합하므로 ③의 뜻으로 쓰였습니다.